KB075403

그림 실력, 태블릿 없어도 OK!

된다!

귀염뻐짝 이모티콘 만들기

쩡언니와 함께 만드는 나만의 이모티콘!

정지혜 지음

이지스 퍼블리싱

능력과 가치를 높이고 싶다면
된다! 시리즈를 만나 보세요.
성장하려는 당신을 돕겠습니다.

된다! 귀염뽀짝 이모티콘 만들기

초판 발행 • 2019년 4월 12일
초판 5쇄 • 2022년 4월 19일

지은이 • 정지혜
펴낸이 • 이지연
펴낸곳 • 이지스퍼블리싱(주)
출판사 등록번호 • 제313-2010-123호
주소 • 서울특별시 마포구 잔다리로 109 이지스빌딩 4층
대표전화 • 02-325-1722 | **팩스** • 02-326-1723
홈페이지 • www.easyspub.co.kr | **페이스북** • www.facebook.com/easyspub
Do it! 스터디룸 카페 • cafe.naver.com/doitstudyroom | **인스타그램** • instagram.com/easyspub_it

기획 • 김영준 | **책임 편집** • 이수진, 이희영 | **교정교열** • 박명희
표지 디자인 • 이유경, 트윈글터 | **본문 디자인** • 트윈글터
마케팅 • 박정현, 한송이, 이나리 | **독자지원** • 오경신 | **인쇄** • 보광문화사
영업 및 교재 문의 • 이주동, 김요한(support@easyspub.co.kr)

ISBN 979-11-6303-079-9 13000
가격 15,000원

나 이모티콘 만들 거야!
내가간다아아
그거 태블릿 있어야 하는 거 아니야?
아니야! 손 그림만 있어도,
그림판으로도 만들 수 있어!
NO!
헐 대박! 나도 해봐야겠다!

문제집에 낙서하던 제가 이모티콘 작가가 되었어요!

"ㅋㅋ 나 이제 자야겠다."

"그래 내일 봐~"

친구와 늦은 시간까지 메신저를 주고받다가 대화를 막 마무리하려고 할 때, 여러분은 뭐라고 말하나요? 백 마디 말보다, 캐릭터가 이불 속에서 손을 흔들며 '잘 자~'라고 말하는 이모티콘을 보내지 않나요? 매일 밥 먹듯이 쓰는 이모티콘, 내 손으로 만들어 보면 어때요? 훨씬 재밌고 신날 거예요!

"그림을 그리는 게 어려워요."

걱정하지 마세요. 아이디어만 있다면 단순하고 서툰 그림도 인기를 얻을 수 있거든요. 여러분의 톡톡 튀는 아이디어를 잘 표현할 수 있도록 02장에 그림 그리는 방법도 자세히 넣어 두었습니다. 비율에 따라 사람 그리기, 얼굴 그리기, 손 그리기, 동물 그리기 등 그동안 제가 발품 팔아 찾았던 지식을 모조리 담아 놓았으니 필요한 부분만 골라서 캐릭터에 자유롭게 응용해 보세요!

"태블릿 없이, 그림판으로 만든다고요?"

자주 받는 질문 중에 '태블릿이 없어도 이모티콘을 만들 수 있느냐'는 것이 있었습니다. 그럼요! 심지어 컴퓨터에 깔려 있는 그림판과 마우스만으로도 만들 수 있습니다. 이모티콘 만들기에 도전하는 사람들의 다양한 사정에 맞춰 스캐너와 마우스만으로도 그림을 그릴 수 있는 방법부터, 태블릿을 활용해 그리는 방법까지 이모티콘을 만드는 모든 방법을 소개했습니다. 여러분은 취향대로 선택해 만들기만 하면 돼요!

영업 비밀 공개!

카카오톡, 라인, 네이버가 좋아하는 이모티콘은 따로 있다!

열심히 만든 이모티콘, 한 순간에 '미승인' 받는다면 너무나 속이 상하겠죠? 저도 많이 겪어 봤답니다. 하지만 괜찮아요! 이모티콘을 올릴 수 있는 플랫폼은 다양하거든요. 카카오톡, 라인, 네이버 OGQ 마켓, 네이버 밴드. 4대 플랫폼에 직접 이모티콘을 올리고 승인 받은 경험을 토대로 각각의 플랫폼이 좋아하는 포인트를 짚어 두었답니다. 사실 영업 비밀이긴 하지만 좋은 정보는 함께 나눠야 하니까요. 어디서도 듣지 못했던 이야기, 이 책의 마지막 08장에서 공개합니다!

이모티콘을 만드는 방법을 어디서도 찾을 수 없어 관련된 책을 전부 찾아보며 만들었던 때가 엊그제 같은데, 제가 직접 이모티콘 책을 쓰니 감회가 새롭네요. 이 책을 보고 이모티콘 작가가 되는 분이 생긴다면 정말 기쁠 것 같습니다.

저를 발견하고 책이 나올 수 있도록 함께 고생해 주신 이지스퍼블리싱의 김영준, 이수진 편집자님, 인터뷰에 응해 주신 작가님들과 추천사를 써 주신 베타테스터 분들, 그리고 옆에서 늘 힘이 되어 준 가족에게 감사의 마음을 전하고 싶습니다.

정지혜 드림

아이 엄마, 비전공자 누구나 만들 수 있어요~

실용성 100%! 푹 빠져서 읽었어요~

내 아이의 얼굴을 본 딴 이모티콘을 만들고 싶어서 이 책을 봤는데 생각했던 것보다 흥미로워서 푹 빠져서 읽었어요. 특히 캐릭터를 그릴 때 비율, 얼굴 모양, 표정, 자세 등 그림이 서툴러 고민했던 부분까지 쉽게 알려 주어서 좋았어요. 이 책으로 내 아이를 꼭 닮은 이모티콘을 만들어 올릴 거예요!

• 하진하 | 아이 얼굴 이모티콘이 목표인 엄마

이모티콘 제작의 처음부터 끝까지 함께하는 책!

'이모티콘, 왠지 나도 만들 수 있을 것 같은데?'라고 생각한 분들 주목! 머릿속에 아이디어가 있지만 막상 흰 종이를 펼쳐 놓고 연필을 들면 막막하기만 하죠? 이 책은 이와 비슷하게 고민하고 계신 분들을 위한 책입니다. 작가님의 섬세하고 세밀한 안내가 이모티콘 제작의 시작부터 끝까지 함께합니다. 분명 이 책이 이모티콘 작가를 향한 발돋움이 되어 줄 거예요.

• 이채현 | 네이버 OGQ 마켓 '노을이의 soso한 일상생활' 효닝 작가님

우리 집 애완견 이모티콘, 이 책 보고 완성했어요!

집에서 키우는 애완견을 이모티콘으로 만들고 싶어 도전했어요! 일하면서 독학으로 만들다 보니 작업이 더뎠는데 이 책 덕분에 이모티콘을 거의 완성했답니다. 그림 그리는 법부터 여러 프로그램의 사용법과 응용 법, 마무리로 등록 방법까지 수록되어 있으니까요. 이 책 정말 마음에 듭니다!

• 김소영 | 애완견 이모티콘이 목표인 애견인

그림판과 스캐너를 이용한 방법이 저에게 딱! 맞았어요

요즘 유행하는 대충 그린 B급 이모티콘을 보면서 '이 정도면 나도 그릴 수 있겠는데?' 하는 생각이 들었습니다. 저처럼 이모티콘에 관심은 있지만 어떻게 시작해야 할지 몰라 고민인 사람들에게 이 책이 도움이 많이 될 것 같아요. 특히 그림판과 스캐너를 이용한 이모티콘 만들기처럼 비전공자인 저에게 딱 맞는 방법이 들어 있어서 마음에 듭니다.

• 정원준 | 공대생인 저자의 남동생

이 책은 이렇게 활용하세요!

연습장이 공짜! 원하는 만큼 인쇄해 그려 보세요!

이 책에는 직접 나의 이모티콘을 만들 수 있도록 [도전! 크리에이터!]로 과제가 들어 있어요!
그중에서 이모티콘을 만들 때마다 매번 필요한 연습장을 무한으로 제공해 드려요.
이지스퍼블리싱 홈페이지의 [자료실]에서 내려받아 사용하세요.

이지스퍼블리싱 홈페이지 www.easyspub.co.kr
→ [자료실]에서 '이모티콘'을 검색하세요.

둘 내 실력에 맞는 방법으로 만드세요!

태블릿이 없어도 괜찮아요. 포토샵을 몰라도 괜찮아요.
손 그림부터 태블릿까지, 이모티콘을 만드는 모든 방법이 있으니까요!
이 책은 쉬운 방법부터 전문적인 방법 순으로 되어 있어서 순서대로 보는 게 좋아요.
하지만 여러분에게 맞는 방법을 선택해 봐도 충분히 이모티콘을 만들 수 있습니다!

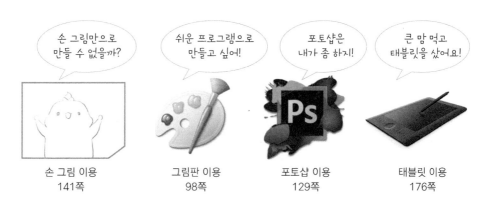

손 그림만으로 만들 수 없을까? 쉬운 프로그램으로 만들고 싶어! 포토샵은 내가 좀 하지! 큰 맘 먹고 태블릿을 샀어요!

손 그림 이용	그림판 이용	포토샵 이용	태블릿 이용
141쪽	98쪽	129쪽	176쪽

셋 카카오톡, 라인, 네이버가 좋아하는 이모티콘은 따로 있어요!

4대 플랫폼에서 모두 이모티콘을 출시한 비밀! 궁금하죠?
08장에 플랫폼별 승인 비법이 나와 있어요! 이모티콘을 올리기 전에 꼭 읽어 보세요~

카카오톡   라인   네이버 OGQ   네이버 밴드

차례

어떤 이모티콘을 만들까?

★ ★ ★

최근 이모티콘 제작의 문턱이 대폭 낮아지면서
이제 누구든, 아무 제약 없이 이모티콘 작가의 꿈을 꿀 수 있게 되었습니다.
그림을 못 그려도, 컴퓨터 사용이 서툴러도 괜찮아요.
각양각색의 이모티콘이 가득한 플랫폼에서 내 이모티콘을 돋보이게 하려면
뛰어난 그림 실력보다 남들과 다른 '아이디어'와 '기획'이 더 중요하니까요!

01-1
점점 커지는 이모티콘 시장

여러분은 하루에 이모티콘을 얼마나 사용하나요?
아침에 일어나 먼저 메신저를 확인하는 것이 자연스러운 일상이 되어 버린 요즘, 이모티콘 역시 큰 영향력을 가지게 되었습니다.

💬 이모티콘은 인터넷, 스마트폰을 넘어서 TV, 인쇄물 등 다양한 매체에서 활약하고 있습니다.

카카오 프렌즈 샵(store.kakaofriends.com/kr)에서 [매장안내]를 누른 모습

현재 이모티콘 시장

국민 메신저인 카카오에서는 2011년 11월에 처음으로 이모티콘 샵을 열었습니다. 처음에 6개로 시작했던 **카카오** 이모티콘 상품은 2018년 11월에 6,500여 개로 늘었고, 누적 구매자는 2천만 명을 넘어섰으며, 월 평균 카카오톡 이모티콘 발신량은 22억 건에 달한다고 합니다.

💬 기사: www.bloter.net/archives/325348

특히 2012년 11월에 처음 출시된 카카오 프렌즈 이모티콘은 무려 누적 2,500만 건의 판매량을 기록했고, 새로 추가된 '라이언' 캐릭터는 카카오 프렌즈의 인기를 더 크게 키웠습니다.

해외에서 크게 활약하고 있는 **라인**(LINE) 역시 크리에이터스 마켓을 연

이후 약 156개 국가에서 39만 명의 작가가 10만여 종의 이모티콘을 개발하여 판매하고 있습니다. 캐릭터 스토어가 열릴 정도로 크게 인기를 끌고 있죠.

이렇듯 '카카오 프렌즈'와 '라인 프렌즈' 이모티콘은 이제 회사를 대표하는 캐릭터를 넘어 국민 캐릭터가 되었다고 해도 과언이 아닐 정도로 사랑받고 있습니다.

이모티콘 캐릭터와 합작해 나온 제품도 이모티콘 캐릭터의 인기를 그대로 이어받아 첫 출시부터 크게 이슈가 되고 일반 제품과는 비교할 수 없을 정도로 큰 매출을 얻고 있습니다. 제품에 인쇄된 이모티콘 캐릭터가 귀엽다는 이유만으로 패키지만 다르게 한 같은 제품을 전부 수집하는 사람들도 있을 정도니까요.

💬 귀여운 캐릭터를 좋아하는 10~20대부터 키덜트 문화까지 더해져서 이모티콘 캐릭터 산업은 계속해서 성장해 나가고 있습니다.

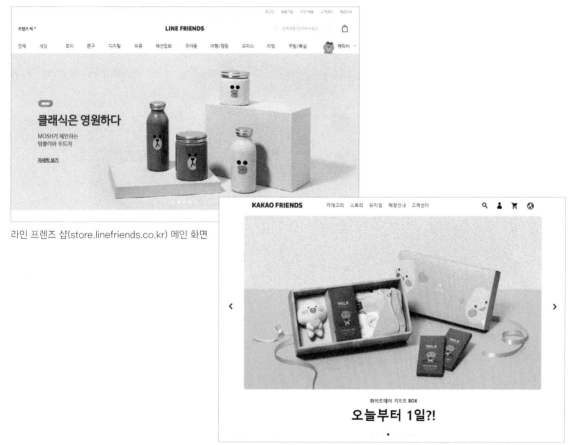

라인 프렌즈 샵(store.linefriends.co.kr) 메인 화면

카카오 프렌즈 샵(store.kakaofriends.com) 메인 화면

개인 작가도 인기 스타로!

플랫폼 자체에서 만든 이모티콘뿐만 아니라 개인 작가에게도 이모티콘 시장 진출의 기회는 열려 있습니다.

라인에서 큰 인기를 얻어 스타가 된 '오버액션 토끼'는 카카오톡까지 진출했고, 유명세를 얻은 이후 각종 이벤트를 진행하며 수많은 캐릭터 제품을 출시했습니다. 오버액션 토끼 공식 스토어까지 생겼죠. 귀여운 '몰랑이' 캐릭터도 이모티콘이 큰 인기를 얻으면서 각종 팬시 문구류, 책, 애니메이션까지 나온 상태입니다.

💬 인기 많은 이모티콘은 계속해서 후속작이 나오고 업체의 요청을 받아 다양한 제품으로 만들어집니다.

작가 DK의 '오버액션 토끼' 이모티콘

작가 하얀오리의 '몰랑의 살랑살랑 봄바람' 이모티콘

오버액션 토끼 공식 스토어(overactionstore.com)

책으로 출간된 『몰랑이의 숨은그림찾기』

'올망졸망 노리앙꼬' 캐릭터 부스 사진

기존에 웹툰이나 애니메이션으로 인기를 얻은 캐릭터가 이모티콘으로 제작되기도 합니다. 캐릭터가 이모티콘으로 만들어지는 순간 채팅 창을 통해 계속 전파되어서 다양한 연령층에게 캐릭터를 알릴 수 있는 좋은 기회가 되기 때문입니다.

카카오 이모티콘 샵 [#웹툰] 태그 이모티콘

이렇게 인기 있는 이모티콘은 문구류나 생활용품 등으로 제작되기도 하고 책, 애니메이션, 광고, 게임으로 제작되는 등 다양한 분야에서 활용되고 있습니다.

01-2

이모티콘, 왜 사용할까?

앞에서 살펴본 것처럼, 이모티콘 사용자는 계속해서 늘어나고 있고 다양한 분야와 협업하면서 그 규모를 키워 가고 있습니다.

이모티콘은 왜 이렇게 많은 사랑을 받는 걸까요? 그 이유를 알게 되면 앞으로 어떤 이모티콘을 만들어야 할지 길이 보일 거예요.

기호에서 시작된 이모티콘

이 문장 부호는 뭘 의미하는 걸까요?

바로 '레미제라블'의 작가 빅토르 위고(Victor Hugo)와 출판사의 대화 내용입니다. 나폴레옹 3세를 비판하다가 망명길에 오른 빅토르 위고는 자신의 작품 '레미제라블'이 얼마나 잘 팔리고 있는지 궁금해서 출판사에 전보를 보냈습니다. 물음표 하나만 찍어서요.

전보를 받은 출판사는 곧바로 답신을 보내 줬습니다. 느낌표 하나. 아주 짧고 강렬한 답이었죠.

즉 저 수상해 보이는 대화는 이런 뜻을 담고 있었습니다.

문장 부호 하나에 얼마나 많은 뜻을 담을 수 있는지 잘 알려 주는 일화입니다. 이모티콘은 이런 간단한 기호로 발전해 나가기 시작했습니다.

만약 글로만 대화를 주고받는다면 어떨까요?

문장은 길어지고 분위기는 딱딱해질 겁니다. 단어가 문맥에 어울리는지, 혹시 상대방이 뜻을 오해하지는 않을지 고민하면서 글을 쓸 테니까요. 이모티콘의 힘은 여기서 발휘됩니다.

문자 이모티콘 예시

약속 시간에 늦는 상대방에게 문자를 보낸다고 생각해 보세요. 언제쯤 올 수 있느냐는 질문과 함께 자신의 기분을 이야기하고 싶을 때, 여러분은 어떤 이모티콘을 쓰고 싶나요?

이모티콘을 사용하지 않은 일반 문자입니다. 지금 자신의 기분이 어떠한지 알릴 단서가 없습니다.

이모티콘의 웃는 표정이 분위기를 부드럽게 해 줍니다. 여유롭게 기다리는 중이니 걱정하지 말라는 의미도 간접적으로 나타냅니다.

이모티콘을 통해 현재 기분이 좋지 않다는 뜻을 보여 줍니다. 최대한 빨리 오라는 신호이기도 합니다.

세 가지 문자 내용은 모두 똑같지만 이모티콘에 따라 그 안에 담긴 뜻은 전혀 달라집니다.

몇 가지 기호를 사용하는 것만으로도 현재 자신의 기분과 생각을 상대방에게 간접적으로 압축해서 전달할 수 있다니 신기하지 않나요? **이렇듯 이모티콘은 말하고자 하는 많은 정보를 아주 간단하고 빠르게 전달해 주는 역할을 합니다.**

빠른 전달력과 대화 보완 기능

과거에는 메시지를 전송할 때 제한된 글자 수 때문에 어떻게 하면 자신이 하고 싶은 말을 한 번에 전달할 수 있을까 고민해야 했습니다. 글자가 허용 범위를 넘어가면 지우고 수정하는 과정을 반복하면서 아슬아슬할 정도로 화면에 문자가 가득한 메시지를 주고받았죠.

이모티콘은 그런 고민을 덜어 줬습니다.

짧은 기호와 문자로 압축한 이모티콘 덕분에 구구절절 길기만 하던 문장은 짧아졌고, 스마트폰과 메신저가 발달한 지금은 아예 문자 자체를 대신할 수 있을 만한 전달력을 가지게 되었습니다.

기호와 이미지는 글을 더 강조하거나 보완하는 역할을 하므로 상대방이 쉽게 이해할 수 있을 뿐만 아니라 오해할 여지를 줄여 줍니다.

줄임말을 자주 쓰는 세대일수록 이모티콘을 더 활발하게 쓰는 것도 같은 이유입니다.

실시간으로 대화를 주고받는 만큼 점점 짧아지는 말을 보완해 줄 가장 편리한 방법이니까요. 때로는 열 마디, 백 마디 말보다 이모티콘 하나가 상대방에게 더 많은 말을 전해 줄 수 있습니다.

대화할 때 분위기를 풀어 주는 친근감

이모티콘의 또 다른 장점은 친근감입니다.

사람들은 대화 분위기를 부드럽게 만들고 싶을 때 귀엽고 재미있는 이모티콘을 쓰는데, 이모티콘이 상대방과의 심리적인 거리를 줄여 주기 때문입니다.

친분이 없는 사람과 메시지를 주고받을 때 글이 딱딱해 보이거나 예의 없어 보이진 않을까 걱정하다가 말 끝에 물결무늬(~)를 붙이거나 '넵', '알겠습니당'처럼 낱말 끝에 받침을 넣어 보내곤 하죠.

이럴 때, 대화 분위기를 부드럽게 풀어 주기 위해서 사람들은 이모티콘을 사용합니다. 대하기 어려웠던 상대도 귀엽고 재밌는 이모티콘을 이용해 대화하다 보면 서로 친근한 감정이 들게 되거든요. 이모티콘을 적절하게 사용하면 예의를 갖추면서도 긴장됐던 분위기를 자연스럽게 전환시킬 수 있기 때문에 종류별로 이모티콘을 사서 모으는 사람들도 많아졌습니다.

이렇듯 이모티콘은 빠른 전달력과 친근함이라는 장점 덕분에 크게 성장했습니다.

이모티콘을 제작할 때 이 두 가지 포인트를 잘 살리면 좀 더 많은 사람들에게 사랑받는 이모티콘을 만들 수 있겠죠! 저도 이모티콘을 수정할 때 전달력과 친근감을 좀 더 높이려고 노력합니다. 상대방이 빠르게 읽을 수 있도록 어떤 멘트는 더 짧게 줄이거나 일상생활에서 자주 쓰는 동작을 따라 해 친근감을 주는 식으로요!

이모티콘을 기획하면서 이 두 가지 포인트를 계속 떠올린다면 더 좋은 결과물을 만들어 낼 수 있습니다.

이모티콘이 대화 분위기를 부드럽게 만들어 줍니다.

01-3

이모티콘 구상하기

과거에는 특정 작가들만 참여했던 이모티콘 시장이 시대에 맞춰 크게 바뀌면서 누구나 쉽게 이모티콘을 제작할 수 있게 되었습니다. 정말 섬세하게 잘 그린 그림부터 누구든 그릴 수 있을 것만 같은 B급 감성 이모티콘까지 종류도 다양해졌죠.

종이 한 구석에 끄적거리던 낙서를 이모티콘으로 만들 수 있다니 정말 멋지지 않나요?

지금부터 나만의 이모티콘을 만들기 위해 구상하는 첫 단계부터 콘셉트를 정하고 캐릭터를 완성하는 것까지 순서대로 하나씩 살펴볼게요!

1단계 이모티콘 형식 정하기

저는 이모티콘을 만들 때 먼저 '움직이는 이모티콘'과 '멈춰 있는 이모티콘' 중에 하나를 고릅니다.

움직이는 이모티콘

움직이는 이모티콘은 말 그대로 이모티콘이 움직이면서 메시지를 표현하는 방식을 말합니다. 감정 표현이 잘 나타난 짧은 애니메이션이라고 할 수 있죠. 캐릭터를 통해 표정과 행동이 바로 보이기 때문에 감정을 더 풍부하게 표현할 수 있습니다.

선물 상자에서 캐릭터가 튀어나오면서 꽃가루가 휘날리는 움직이는 이모티콘

움직이는 이모티콘은 제작하기 어려운 편이지만 인기를 얻기 쉬워서 작
가들은 움직이는 이모티콘을 많이 선택합니다.

멈춰 있는 이모티콘

멈춰 있는 이모티콘은 스티커라고 생각하면 됩니다.

움직이지 않기 때문에 한 컷의 이미지만 봐도 어떤 감정인지 한번에 이해
할 수 있도록 메시지를 직관적으로 전달하는 것이 중요하죠. 그래서 특이
하고 새로운 콘셉트의 이모티콘이 자주 나오는 편입니다.

멈춰 있는 이모티콘은 동작이 없는 만큼 움직이는 이모티콘보다 표현 범
위는 좁아지지만, 한 컷씩만 그리는 만큼 한 세트를 빨리 쉽게 만들 수 있
습니다.

멈춰 있는 이모티콘 예시

연결된 동작으로 감정을 표현하고 싶다면 움직이는 이모티콘을, 이미지
한 컷으로 충분히 표현할 수 있다면 멈춰 있는 이모티콘을 선택하세요.

2단계 이모티콘 콘셉트 정하기

움직이는 이모티콘과 멈춰 있는 이모티콘 중에서 하나를 선택했다면 이
제 이모티콘 콘셉트를 정할 차례입니다. 최근에는 대충 그린 콘셉트의 이
모티콘이 크게 인기를 끌었습니다.

카카오 이모티콘 샵 [#단순하게_생긴] 태그 이모티콘 목록

최근에는 반복되는 이미지나 글자만 있는 이모티콘도 아이디어만 기발하면 쉽게 통과되어 출시되는 추세이기 때문에 나만의 콘셉트를 잡는 게 더 중요해졌습니다.

콘셉트라 해서 어렵게 생각할 필요는 없어요. 대충 낙서한 듯한 느낌, 알록달록 예쁜 색감, 처음부터 끝까지 무표정하거나 짜증을 유발하는 캐릭터 등도 모두 소재가 될 수 있습니다.

이경용 작가의 '맞춤법 파괴왕 밍밍이'

네이버 밴드에 출시한 '귀엽고 깜찍하게 쪼꼬미!'

예를 들어 제가 애니메이션 작업을 진행한 이경용 작가의 '맞춤법 파괴왕 밍밍이'는 맞춤법을 의도적으로 파괴해서 재미를 주는 콘셉트였습니다. 애니메이션도 파괴된 맞춤법에 맞춰 말장난 느낌으로 재밌고 간단한 동작으로 구성했죠.

네이버 밴드에 출시한 '귀엽고 깜찍하게 쪼꼬미!'는 30, 40대를 겨냥한 아기 캐릭터라서 애교 많은 행동과 혀 짧은 말투를 그대로 사용했습니다. 마땅한 콘셉트가 떠오르지 않나요? 제가 자주 사용하는 구상 방법 세 가지를 알려 드리겠습니다.

1. 내 생활에서 소재 찾기

현재 자신의 생활을 한번 되짚어 보는 것도 좋은 방법입니다.

'내가 이 이모티콘으로 뭘 말하고 싶을까', '나는 어떤 이모티콘을 쓰고 싶을까' 하는 생각을 계속해서 해 보세요.

카카오 이모티콘 샵 [#직장인] 태그 이모티콘

카카오 이모티콘 샵 [#학생] 태그 이모티콘

지금 다니는 학교나 직장에서의 생활, 늘 곁에 있는 가족, 친구, 연인, 반려 동물 등을 떠올리면서 소재를 찾다 보면 재밌고 공감할 만한 상황을 만들어 낼 수 있습니다.

'지금까지 나오지 않은 특이한 콘셉트는 뭐가 있을까?', '대화에 어떤 식으로 사용될까?' 하는 생각을 해 보며 자유롭게 정해 보세요.

2. 마인드맵으로 콘셉트 범위 좁혀 나가기

이모티콘 콘셉트를 잡는 것이 막막하게 느껴진다면 다음과 같이 세 가지 종류 중에서 하나를 골라 발전시켜 나가는 것도 좋은 방법입니다.

귀여운 콘셉트	재밌는 콘셉트 (B급 감성)	메시지 전달 (글자 위주)
안녕	뭐 왜 뭐	메리 크리스마스 Merry Christmas

세 가지 종류 중에서 자신이 평소 어떤 이모티콘을 좋아했는지, 현재 자신의 실력에 어울리는 콘셉트가 뭔지 생각해 하나를 정하세요. 그리고 마인드맵을 이용해 콘셉트를 구체화해 보세요.

마인드맵

마인드맵은 새로운 아이디어를 구상할 때 아주 좋은 도구입니다.

예를 들어 요즘 유행하는 'B급 감성의 재밌는 콘셉트'를 선택했다면 중앙에 크게 쓰고, 그에 맞춰 떠오르는 여러 가지 생각 중에서 하나를 골라 적으세요. 그리고 이어서 연관되는 단어를 옆에 적어 가면서 범위를 계속 넓혀 줍니다. 마인드맵을 그리다 보면 머릿속으로만 생각했을 때와는 또 다른 새로운 아이디어가 떠오를 수 있습니다.

이렇게 자유롭게 적은 아이디어 중에서 콘셉트를 선택할 때는 **현재 자신의 실력이나 취향, 작업 시간 등 여러 가지 요소를 고려해 정하는 게 좋습니다.** 만약 캘리그래피를 할 줄 안다면 그림 비중을 줄이고 캘리그래피를 통한 메시지 전달에 초점을 맞춘다든가, 그림에 자신이 없다면 B급 낙서 느낌으로 선택한다든가 하는 식으로요.

이렇게 꼬리에 꼬리를 물고 생각을 정리해 나가다 보면 자신에게 딱 맞는 콘셉트를 찾을 수 있습니다.

3. 태그에서 힌트 얻기

마인드맵을 그리면서 자신에게 맞는 콘셉트를 추려 나갈 때 가장 도움이 되는 것이 바로 '태그 검색'입니다. 태그로 분류된 이모티콘 묶음을 보면 각 콘셉트에 따라 이모티콘이 어떻게 달라지는지 한눈에 알아볼 수 있기 때문입니다.

카카오톡 이모티콘에서 태그를 찾는 방법을 알려드릴게요.

❶ [이모티콘]을 눌러 카카오톡 이모티콘 샵에 들어간 뒤 홈 화면에서 맨 아래쪽을 보면 다양한 태그에 따라 이모티콘이 분류되어 있습니다.

❷ 관심 있는 태그를 눌러 보세요.

[태그]를 눌러 상세 페이지로 들어가면 ❸ 좀 더 세분화된 태그를 볼 수 있고 ❹ [최신순]과 ❺ [인기순]으로 목록을 따로 볼 수도 있습니다.

모바일뿐만 아니라 PC 버전에서도 [스타일]을 누르면 태그로 분류된 이모티콘을 쉽게 찾을 수 있습니다.

세분화된 태그를 누르면 해당하는 콘셉트로 나온 이모티콘들을 묶어서 볼 수 있습니다. [인기순]을 누르면 같은 콘셉트 안에서도 어떤 이모티콘이 인기 있는지 알 수 있고, [최신순]을 누르면 자신이 생각하는 아이디어가 이미 이모티콘으로 나오지는 않았는지 파악하기 좋습니다.
하나씩 눌러서 현재 어떤 이모티콘들이 나와 있는지 꼭 확인해 보세요.

3단계 · 이모티콘을 구매할 목표 대상 정하기

콘셉트를 정했다면 이제 이모티콘의 구체적인 목표 대상을 정할 차례입니다. 연령이나 성별의 차이에 따라 선호하는 이모티콘이 다르기 때문에 목표 대상을 확실하게 정해 두면 캐릭터를 디자인하고 멘트를 구성할 때 큰 도움이 되거든요.
목표 대상을 정할 때는 카카오톡 이모티콘의 인기 순위를 먼저 살펴보기 바랍니다.

카카오톡 이모티콘 10~20대 인기 순위

카카오톡 이모티콘 30~40대 인기 순위

카카오톡에서 제공하는 연령대별 인기 있는 이모티콘 목록입니다.
물론 개인의 취향에 따라 차이는 있지만, 인기 순위를 보면 해당 연령대에서 어떤 이모티콘을 선호하는지 한눈에 알아볼 수 있습니다.

연령대별로 인기 있는 이모티콘의 특징

10, 20대는 **단순한 그림체와 하얀 색감의 캐릭터**를 좋아합니다. 강하고 직설적인 표현의 이모티콘을 선호하므로 실험적인 특이한 콘셉트도 허용되는 편이죠.

10, 20대가 사용하는 유행어나 줄임말도 멘트에 자주 이용되는 편이며 메시지가 명확하지 않아도 재미있는 이모티콘을 좋아합니다.

반면 30, 40대는 **귀엽고 알록달록한 색감의 캐릭터**를 좋아합니다. 10, 20대가 선호하는 이모티콘과 비교했을 때 정중하고 예의 바른 표현의 이모티콘을 좋아하고 한눈에 바로 이해할 수 있는, 메시지가 명확한 이모티콘을 선호합니다.

10, 20대는 주로 비슷한 나이대의 친구와 대화할 때 30, 40대는 직장 동료나 상사와 대화할 때 이모티콘을 사용하는 경우가 많아 연령대별 이모티콘 선호도에 차이가 두드러진다고 하네요.

남녀가 선호하는 이모티콘의 특징

이모티콘은 성별에 따라 더 세밀하게 나눌 수도 있습니다.

남성은 조금 표현이 강하더라도 동작이나 표정, 메시지가 웃기고 과장된 재밌는 이모티콘을 선호하고, **여성**은 강한 표현보단 재밌으면서도 디자인이나 동작이 귀여운 이모티콘을 선호하는 편입니다.

인기 순위를 잘 살펴보면서 내 콘셉트의 목표 대상을 어떻게 잡을까 고민해 보기 바랍니다. 그리고 목표 대상이 좋아하는 특성을 살려 이모티콘에 반영하세요.

예를 들어 10, 20대를 목표 대상으로 한다면 이모티콘의 그림체나 색감은 최대한 단순하게, 멘트는 강하고 재밌게 표현해야 하고, 30, 40대를 목표 대상으로 한다면 잘 보이는 색 몇 가지를 포인트로 사용하고 귀여운 캐릭터에 예의 바른 멘트로 구성을 해야겠죠.

아이디어를 캐릭터로 만들기

콘셉트와 목표 대상을 정했다면 이제 본격적으로 캐릭터를 만들 시간입니다. 제 경험을 예로 들어 아이디어를 하나의 캐릭터로 만드는 과정을 설명해 볼게요.

1. 자료 수집하기

캐릭터를 그리기 전에 먼저 해야 할 일은 자료 수집입니다.

아이디어가 떠올랐다면 그에 맞춰 웹 서핑이나 스크랩, 사진 등 활용할 수 있는 자료를 모아 주세요. 자료를 찾다 보면 전혀 생각하지 못했던 새로운 아이디어가 생각나기도 하고, 아이디어를 좀 더 구체적으로 다듬을 수도 있습니다.

평소에 수첩을 가지고 다니면서 틈틈이 메모해 놓거나 사진을 찍어 두면 갑자기 생각난 아이디어를 놓치지 않을 수 있습니다.

아이디어에 맞춰 직접 찍은 사진

웹 서핑을 통한 자료 검색 화면

저는 어느 날 반찬용으로 사온 곤약을 보고 탱글거리는 촉감을 살려 캐릭터로 만들어 보고 싶다는 아이디어를 떠올리게 되었습니다.

그 뒤엔 잊어버리지 않도록 메모장에 아이디어를 적어 두고 직접 사진을 찍은 후, 웹 서핑으로 이미지나 영상 등 여러 자료를 수집했습니다. 같은 아이디어라도 자료를 참고하면 더 그럴 듯하고 재미있는 그림을 그릴 수 있으니까요. 이어서 앞으로 어떻게 표현할지 간단한 계획을 세웠습니다.

2. 스케치하기

자료 수집을 끝낸 후엔 그 자료를 바탕으로 러프 스케치를 해야 합니다.
갑자기 그리려니 손이 떨어지지 않나요? 한번에 그린다는 생각은 잠시 접
어 두세요. 처음부터 완벽하게 스케치할 수는 없답니다. 낙서한다고 생각
하고 가볍게 그려 보세요. 적당한 이미지가 잡히지 않는다면 최대한 다양
하게, 연습장이 꽉 찰 정도로 그림을 그려 보면서 계속 수정합니다.

💬 나중에 스케치를 스캔해 디지털 작업을 해야 하니 별도의 깨끗한 흰 종이에 그리세요!

💬 수집한 자료를 참고하여 아쉬운 부분은 수정, 보완해 가면서 여러 번 스케치해 줍니다.

캐릭터 러프 스케치

저는 처음에 네모난 곤약을 그대로 본 따 표정만 그려 넣었다가 좀 더 귀
엽고 포동포동한 느낌으로 바꿔 보기도 하고 귀여운 리본으로 머리도 묶
어 주면서 캐릭터를 만들어 나갔습니다.
캐릭터는 눈과 눈 사이의 거리, 입꼬리의 각도 같은 사소한 차이로도 풍
기는 이미지가 크게 바뀝니다. 따라서 이런 세밀한 요소를 조금씩 바꿔
가면서 여러 버전을 그려 보는 걸 추천해요. 마음에 들지 않으면 연필로
엑스도 치고 갑자기 생각나는 아이디어가 있으면 옆에 글도 써 가면서 부
담 없이 그리다 보면 어느 정도 원하는 이미지가 잡혀 가기 시작합니다.

3. 캐릭터에 개성 부여하기

캐릭터 디자인을 다듬으면서 이 캐릭터만 가지고 있는 성격이나 특징, 관
계도 생각해 보세요. 캐릭터의 설정이 디테일할수록 보고 즐길 수 있는
스토리가 많아지기 때문에 더 매력적인 캐릭터를 만들 수 있습니다.

캐릭터 스케치 연습장

저는 캐릭터를 곤약으로 설정했기 때문에 특유의 촉감을 살려 출렁이는 움직임을 표현하기로 했습니다. 접시 위에 누워 있거나 어묵탕 안에서 목욕을 즐기는 등 이 캐릭터가 '곤약'이기에 나올 수 있는 재미있는 상황도 연출해 보고, 같이 움직일 친구인 도토리묵 캐릭터도 만들어 커플 설정도 부여해 줬죠. 이런 작은 설정이 모이면 남들과는 다른 개성 있는 캐릭터가 될 수 있습니다.

💬 이모티콘을 만들 때 상대해 줄 다른 캐릭터가 있으면 스토리를 더 풍부하게 만들 수 있습니다.

캐릭터 설정을 디테일하게 해 주면 나중에 캐릭터가 인기를 얻었을 때 큰 이득이 됩니다. 캐릭터 이미지 자체가 매력적이라면 이모티콘이 일회성으로 끝나지 않고 여러 시리즈로 이어져 나오면서 사용자에게 이미지를 각인시킬 수도 있고, 후에 팬시 문구나 인형 같은 캐릭터 상품으로 만들어져 추가 수익을 얻을 수도 있기 때문이죠.

캐릭터를 그릴 때 미리 캐릭터 시리즈가 나온다고 상상하면서 디자인과 설정을 정하면 더 다양한 캐릭터를 만들어 낼 수 있습니다.

4. 최종 캐릭터 스케치 선정하기

캐릭터를 계속해서 스케치하면서 가장 마음에 드는 것을 골라 최종 선택을 하세요.

동작에 따라 모습이 계속 달라진다면 한 캐릭터로 보이지 않을 수 있으니 어떤 각도에서 동작을 취해도 자연스러워 보일 수 있도록 앞모습, 뒷모습, 옆모습 전부를 그려 보면서 미리 형태를 정해야 합니다.

앞모습, 옆모습, 뒷모습을 그릴 때
는 각 부위별 크기와 위치가 크게 달
라지지 않도록 신경 쓰면서 최대한 자
연스러운 형태가 나오도록 합니다.

캐릭터 최종 이미지

캐릭터 구상이 끝났다면 여러 상황을 설정해 다양한 모습을 그려 보세요.
콘셉트를 정할 때 설정해 뒀던 특징이나 캐릭터 성격 등을 떠올리면서 강
조하고 싶은 부분이나 꼭 표현해 보고 싶은 상황을 다양하게 연출해 보고
어울리는 멘트를 적으면 금방 이모티콘 한 세트를 채울 수 있을 거예요.

곤약과 도토리묵을 보고 만든 곤쥬와 토리묵 캐릭터

01-4

감정 표현과 멘트 정하기

자주 사용하는 감정 표현과 멘트 적어 보기

캐릭터를 구상했다면 이제 이모티콘 한 세트를 채우기 위해 감정 표현과
멘트 목록을 적어 볼 차례입니다. 우선 제가 만들었던 이모티콘 세트를
살펴볼게요.

네이버 밴드 '쪼꼬미 이모티콘 스페셜'

네이버 밴드(BAND)에서 판매하는 '쪼꼬미' 이모티콘 스페셜 버전입니다.
출시 이후 네이버 밴드 측 제안으로 24개 이모티콘 세트 중 가장 많이 사
용된 12개의 이모티콘만 골라 일정 기간 동안 스페셜 무료 이모티콘으로

재판매했는데요. 선택된 12개의 이모티콘을 자세히 살펴보면 '최고!', '사랑해', 'ㅋㅋㅋ' 등 일상생활에서 자주 사용하는 멘트들이 들어 있습니다. 내 이모티콘이 대화 창에서 자주 쓰이려면 표현과 멘트를 잘 선정해야겠죠! 이모티콘 콘셉트에 따라 멘트는 달라지기 마련이지만 기본적으로 **인사말, 감정 표현, 상황 표현**의 세 가지로 나눠서 생각하면 목록을 짤 때 편리합니다.

인사말은 기본

평소에 사람들과 대화를 나눌 때 어떤 이모티콘을 많이 쓰는지 생각해 보세요. 아무래도 가장 기본적인 표현은 인사말이겠죠.

'안녕', '반가워', '고마워', '축하해', '화이팅', '최고야', '부탁해', '조심히 가', '잘 자' 같은 일상생활에서 자주 쓰는 인사말은 채팅할 때도 인기가 많습니다.

그래서 저는 인사말을 골라 목록에 가장 먼저 채워 넣곤 해요.

내 감정 드러내기

내 감정 표현 또한 빼놓을 수 없어요!

많이 사용하는 감정은 사랑, 분노, 슬픔, 즐거움, 폭소, 놀람, 미안함, 외로움, 지루함, 여유로움 등이 있어요. 감정은 정말 다양하죠.

저는 감정 표현을 먼저 써 놓고 화살표로 더 자세한 멘트를 추가하는 편입니다. 예를 들어 '슬픔'을 표현할 때 '나 슬퍼', '흑흑흑', '으아아앙', '훌쩍훌쩍', 'ㅠㅠㅠㅠ' 같은 멘트를 함께 넣어 주는 것이죠. 이렇게 감정을 표현할 때 내는 소리나 효과음을 넣어서 멘트를 만들면 훨씬 더 다양하게 나타낼 수 있습니다.

현재 상황을 그대로 표현

이모티콘은 현재 내 상황을 상대방에게 빠르게 알려 주고 싶을 때도 사용해요. 예를 들어 누군가를 기다릴 때는 '기다리는 중', '어디야?', '나 힘들어', '금방 갈게!' 같은 이모티콘을 서로 사용하겠죠.

현재 배가 고프다면 상대방에게 '배고파', '밥 먹자', '사 주세요' 같은 표현을 쓸 테고, 밥을 먹고 왔다면 '맛있어', '배불러', '만족', '졸려' 같은 표

현을 쓰겠죠.

우리가 생활하면서 어떤 상황을 주로 마주치는지 떠올려 보고 그 상황에 맞는 대화를 생각해 보면서 이모티콘을 만들면 재미있는 표현을 많이 찾아낼 수 있습니다.

작가마다 다르지만 저는 자주 사용되는 표현을 먼저 채워 넣고 재미를 중시한 실험적인 표현을 몇 개 추가하는 식으로 세트를 구성합니다. 앞에서 소개한 세 가지 표현 방법을 생각하며 내 캐릭터의 성격과 콘셉트에 맞춰서 멘트와 감정 표현을 정하면 자주 사용하고 싶은 친근한 이모티콘을 만들 수 있습니다.

많이 사용하는 감정 표현과 멘트 50가지

멘트를 정하기 어려운 분들을 위해 대중이 많이 사용하는 기본적인 감정 표현과 멘트 50가지를 준비했습니다. 이모티콘은 콘셉트가 가장 중요하므로 꼭 이 목록에서 고를 필요는 없습니다. 어디까지나 참고용으로만 보세요.

안녕	잘 가	OK	사랑해	눈물
웃김, 폭소	분노	감사(고마워)	축하	짜증
졸림	응원(파이팅)	고민	심심, 지루함	뿌듯
무서움	위로(토닥토닥)	놀람	미안해	외로움
배고픔	피곤함	대답(네!)	관심 없음	걱정
궁금함	부탁(해 주세요)	애교	부끄러움	싫어
신남	우울	기쁨	여유로움	정색
힘들어	밥 먹자	삐짐	미소	박수
지금 뭐해?	놀자	바빠	놀림(메롱)	주목!
최고!	열심, 노력	한심함	더워	추워

감정 표현이나 멘트는 가능하면 중복되지 않게 정하세요.

이모티콘 순서 정하기

일반적으로 사람들은 채팅 창을 열었을 때 맨 첫 페이지에 위치한 이모티콘을 많이 쓰는 편입니다. 따라서 순서를 정할 때는 **대화하면서 자주 쓰는 표현을 목록 맨 앞에 두는 것이 좋습니다.**

작가들도 목록을 구성할 때 자주 쓰는 표현을 앞에 두는 경우가 많습니다. 그래서 '사랑해', '고마워', 'OK'처럼 대화할 때 자주 쓰는 이모티콘이 앞에 있는 경우가 많죠. 여러분이 쓰는 이모티콘 목록 첫 페이지를 살펴보고 평소 지인과 대화할 때 어떤 이모티콘을 자주 쓰는지 떠올리면서 순서를 정해 보세요.

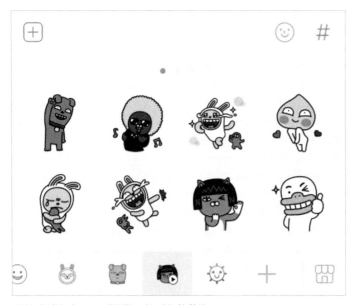

카카오톡에서 기본으로 제공하는 이모티콘 첫 화면

이모티콘 분석하고 멘트 정하기

Q1 내가 자주 쓰는 이모티콘이 있나요? 어떤 상황에서 어떤 이모티콘을 사용하나요?

창작자 관점에서 자신이 좋아하는 이모티콘을 분석해 보면 멋진 아이디어를 낼 수 있습니다. 지금 이모티콘 샵에 가서 여러 종류를 살펴본 다음 가장 마음에 들고 참고하고 싶은 이모티콘을 하나 골라 질문에 답해 보세요.

① 이모티콘의 이름은 뭔가요?

② 이모티콘 이름에서 콘셉트가 느껴지나요? 그 콘셉트는 뭔가요?

③ 목표 대상의 나이대는 어느 정도인가요?

④ 다른 이모티콘과의 차별점은 뭐라고 생각하세요?

⑤ 멘트나 감정 표현을 분석해 보세요. 인사말 같은 필수 표현은 한 세트에 몇 개나 들어 있나요?

⑥ 어떤 점을 참고하고 싶은지, 또 내가 만들 이모티콘에서는 어떤 차이점을 주고 싶은지 써 보세요!

Q2 내가 고른 이모티콘을 참고하여 이모티콘에 넣을 멘트 목록을 작성해 보세요. 멘트는 프레임 안에 들어갈 수 있도록 되도록이면 짧고 간단하게 적으세요.

예시) [충격] : 헐…

❶ [   ] : ～～～～～～～　　　**❷** [   ] : ～～～～～～～

❸ [   ] : ～～～～～～～　　　**❹** [   ] : ～～～～～～～

❺ [   ] : ～～～～～～～　　　**❻** [   ] : ～～～～～～～

7 [　　] : ～～～～～～～～～～～～～～～

8 [　　] : ～～～～～～～～～～～～～～～

9 [　　] : ～～～～～～～～～～～～～～～

10 [　　] : ～～～～～～～～～～～～～～～

11 [　　] : ～～～～～～～～～～～～～～～

12 [　　] : ～～～～～～～～～～～～～～～

13 [　　] : ～～～～～～～～～～～～～～～

14 [　　] : ～～～～～～～～～～～～～～～

15 [　　] : ～～～～～～～～～～～～～～～

16 [　　] : ～～～～～～～～～～～～～～～

17 [　　] : ～～～～～～～～～～～～～～～

18 [　　] : ～～～～～～～～～～～～～～～

19 [　　] : ～～～～～～～～～～～～～～～

20 [　　] : ～～～～～～～～～～～～～～～

21 [　　] : ～～～～～～～～～～～～～～～

22 [　　] : ～～～～～～～～～～～～～～～

카카오톡
움직이는
이모티콘

23 [　　] : ～～～～～～～～～～～～～～～

24 [　　] : ～～～～～～～～～～～～～～～

25 [　　] : ～～～～～～～～～～～～～～～

26 [　　] : ～～～～～～～～～～～～～～～

27 [　　] : ～～～～～～～～～～～～～～～

28 [　　] : ～～～～～～～～～～～～～～～

29 [　　] : ～～～～～～～～～～～～～～～

30 [　　] : ～～～～～～～～～～～～～～～

카카오톡
멈춰 있는
이모티콘

31 [　　] : ～～～～～～～～～～～～～～～

32 [　　] : ～～～～～～～～～～～～～～～

💬 카카오톡의 경우 움직이는 이모티콘은 24개, 멈춰 있는 이모티콘은 32개가 모여 한 세트가 됩니다. 이모티콘 한 세트에 들어가야 할 이모티콘 개수는 각 플랫폼마다 다르니 꼭 제작 가이드를 확인해 주세요.

본업은 개발자, 반려견 나리를 보고 그렸어요!

둔딘 작가

Q 간단한 자기소개 부탁드려요!

A 안녕하세요. 카카오톡 이모티콘 '나리의 언어생활' 시리즈를 그린 둔딘(Dundin) 작가입니다. 본업은 iOS 6년차 개발자이지만 퇴근 후, 그리고 주말에 짬짬이 이모티콘을 열심히 그리고 있고요. 올해 10살 된 말티푸(말티즈와 푸들의 믹스견) 나리를 키우고 있습니다.

Q 개발자이신데 이모티콘을 만드셨다니! 쉽지 않은 생각이었을 것 같아요. 어떻게 이모티콘을 만들게 되었나요?

A 고등학교 때부터 친구들 캐리커처를 그리며 놀았고, 대학생 때는 '카이승트'라는 만화를 싸이월드에 올리는 등 원래 그림을 끄적거리는 것을 좋아하는 편이었어요.

그러다 IT 회사에 입사했는데 업무 메신저로 라인을 쓰더라고요. 제가 입사하던 해에 마침 라인에서 처음으로 일반인이 이모티콘을 업로드하고 판매할 수 있는 '라인 크리에이터스 마켓' 서비스를 시작했는데, 그때 '내가 그린 이모티콘으로 회사 사람들과 대화할 수 있으면 재밌겠다.'라고 생각해서 그린 것이 저의 첫 이모티콘인 '카이승트! 준진의 일상'이었습니다.

카이승트! 준진의 일상

나리의 언어생활 4

구경하기

당시 입사 동기이자 남자 친구였던 소저씨(현 남편)가 이모티콘에 가능성이 보이는 것 같다며 선물로 와콤 태블릿을 사 줬고, 일단 선물을 받았으니 뭐라도 해야 할 것 같아서 고민하다가 그린 것이 '나리의 언어생활'입니다. 제가 키우는 강아지 나리를 캐릭터로 만들어서 그렸는데, 당시 '급식체'가 크게 유행하던 중이라 '오졌다', '지렸다' 등의 메시지를 넣어 보았습니다. '나리의 언어생활'이 라인에서 생각보다 큰 인기를 끌었고, 그것을 바탕으로 카카오톡에도 출시하게 되었습니다.

Q 카카오톡 메인에 떴을 때 기분이 어땠나요? 주변 사람들의 반응도 궁금해요.

A 카카오톡 메인에 떴을 때 카카오 측에서 배너를 만들어 줬는데, 그게 찰떡 같고 귀여워서 좀 감동받았어요. 전체 2위, 10~20대 1위를 찍었을 때는 정말 기뻐서 화면 캡처도 엄청 해 놨어요. 부모님께서는 처음엔 돈을 주고 이모티콘을 산다는 걸 잘 이해하지 못하셨는데, 지금은 아이디어가 떠오를 때마다 알려 주시고 이모티콘 순위도 지켜보는 등 든든한 조력자가 되셨습니다. 친구들도 회사 동료, 친구들에게 열심히 영업해 주고 있고요. 인스타그램(@dundin_net)에서 나리를 좋아하는 분들이 댓글로 팬이라고 하면 좀 쑥스럽고 기분도 좋고 그래요.

Q 작업할 때 어떤 프로그램을 쓰나요?

A 스케치는 연습장에 하고, 실제 작업은 포토샵에 태블릿으로 합니다.
애니메이터를 쓸 줄 몰라서 포토샵 타임라인으로 한 프레임 한 프레임 그리는데요. 부드러운 맛은 없어도 덜그럭거리는 모양이 귀여워서 계속 이런 방향으로 작업하고 있습니다.

Q 앞으로 어떤 계획이 있는지 궁금해요!

A 일단 나리를 좋아해 주시는 분들이 많아서 계속 시리즈로 출시할 예정이고요. 개발자가 쓸 수 있는 메시지를 담은 소저씨의 개발 일지, 챔끼의 금융티콘, 오징어의 야구티콘, 준진의 일상 2 등 제가 좋아하는 다른 캐릭터들도 구상하고 있습니다.

Q 이모티콘 만들기에 도전하는 사람들에게 한마디 부탁드려요.

A 카카오톡의 이모티콘 심사 기준은 더욱 까다로워지고 경쟁도 점점 치열해지고 있기 때문에 여러 번 심사에서 떨어져 지치는 분들이 많을 거라고 생각해요. 카카오톡 말고도 많은 이모티콘 플랫폼이 있으니 다른 플랫폼에서 한번 출시를 경험해 보고 다시 카카오톡에 도전하는 것도 좋은 방법인 것 같아요.

둔딘 작가
'카이승트! 준진의 일상' 과
'나리의 언어생활' 시리즈를 카카오톡에 출시했다.
그 외에도 라인 크리에이터스 마켓, 그라폴리오,
라인 카메라 등에서도 이모티콘과 스티커를 판매하고 있다.

요하의 돋보이는 움직임,
딸아이를 보고 만들었어요

아포이 작가

Q 간단한 자기소개 부탁드려요!

A 캐릭터 디자이너 김재수입니다. 아포이라는 필명으로 활동하고 있습니다. 아기두더지 두루루, 바가지머리 요하, 오! 나의 여사님, 그냥 그런 토끼, 퍼피 스마일, 순딩이 등의 캐릭터로 캐릭터 제품과 이모티콘을 만들며 활동하고 있습니다.

Q 많은 이모티콘을 출시하셨네요! 가장 기억에 남는 이모티콘이나 아끼는 이모티콘이 있나요?

A '아기두더지 두루루'와 '바가지머리 요하'가 가장 먼저 생각이 나네요. '아기두더지 두루루'는 캐릭터 사업을 시작하게 해 준 아이라 가장 애착이 큽니다. 제 아들을 모티프로 탄생한 캐릭터이기도 해서 저에게는 의미가 큰 캐릭터죠.
'바가지머리 요하' 역시 딸아이를 모티프로 한 캐릭터이고 사업이 어려운 시기에 회사가 한 단계 도약할 수 있게 해 준 캐릭터라서 저에게는 무척 의미가 있습니다.

바가지머리 요하

오! 나의 여사님

구경하기

Q 요하가 따님을 모티프로 하여 탄생한 캐릭터였군요! 요하를 비롯해 작가님의 캐릭터 모두 움직임이 돋보이는 것 같아요! 작가님만의 노하우가 있을까요?

A 특별한 건 없어요. 20년 가까이 애니메이션 작업을 해 오면서 쌓인 '감'이라고 해야 할까요? 초당 프레임 수(fps)를 높게 설정하는 경우가 많은데 그것도 한 가지 이유가 될 수 있을 것 같고요. 무엇보다 집요하게 관찰하는 습관이 중요합니다.

Q 오래도록 사랑받는 요하, 오여사를 만드신 소감이 궁금합니다!

A 그냥 항상 고맙죠. 올해(2019년)는 제 필명과 동일한 '아포이'라는 회사를 만든 지 딱 10년이 되는 해랍니다. 그동안 많은 우여곡절 속에서도 오랜 시간 행복하게 작업할 수 있게 해 준 캐릭터들이라서 항상 감사하게 생각하고 있습니다.

캐릭터라는 게 노력과 열정에 정비례해서 시장에서 통하지는 않더라고요. 물론 아이디어와 기획력, 아트워크 등이 뒷받침되어야 하지만, 한편으로는 제 캐릭터들이 자기 발로 나가서 알아서 열심히 일해 주고 있다는 느낌도 종종 받거든요.

Q 앞으로의 계획이 궁금해요!

A 요즘은 아이들이 커서 작업하는 데 많은 도움을 주고 있습니다. 최근에 아내와 아이들이 구상하고 캐릭터 이름까지 직접 지은 '푸냥'이라는 새로운 캐릭터가 이모티콘 출시를 앞두고 있습니다. 바가지머리 요하, 뚝딱 그린 요하, 오! 나의 여사님, 그냥 그런 토끼, 퍼피 스마일 등 기존 캐릭터들도 계속해서 차기 시리즈가 나올 예정입니다. 많이 기대해 주세요.

그리고 더 멀리 내다본다면, 저와 가족을 비롯하여 주변 인물을 바탕으로 탄생한 캐릭터들이 쌓이다 보면 작게나마 스토리가 있는 애니메이션이나 웹툰 등을 소소하게 풀어 나가려는 소박한 계획도 가지고 있습니다.

Q 이모티콘 만들기에 도전하는 사람들에게 한마디 부탁드려요.

A 요즘 이모티콘을 보면 뛰어난 아트워크나 엄청난 움직임이 있는 이모티콘만 성공하는 분위기는 아닌 것 같습니다. 각 세대별로 필요로 하는, 쓰임이 많을 것 같은 요소를 잘 분석해서 성공하는 경우가 매우 많습니다. 캐릭터 아트워크나 움직임 작업은 단기간에 실력을 끌어올리기는 쉽지 않지만, 독특한 기획력은 집중만 한다면 한순간 툭 튀어나올 수도 있기 때문입니다. 이제 이모티콘 시장에 진입하는 것이 이모티콘 초창기 시절보다 오히려 더 쉬울 수도 있다는 얘기입니다. 자신감을 가지고 도전해 보세요.

아포이 작가
'아기두더지 두루루', '바가지머리 요하', '오! 나의 여사님',
'그냥 그런 토끼', '퍼피스마일', '순딩이' 등의
캐릭터 제품과 이모티콘을 개발한
캐릭터 디자이너이다.

캐릭터를 직접 그려 보자!

★　★　★

지금까지 어떤 이모티콘을 구상했나요?

혹시 콘셉트를 정하긴 했는데 그림을 어떻게 그려야 할지 몰라서 고민하고 있진 않나요?

그런 분들을 위해 02장에선 그림 그리는 법을 알아보려고 합니다.

앞서 구상했던 나만의 캐릭터를 좀 더 쉽고 빠르게, 완성도 있게 그릴 수 있도록

이모티콘을 만들 때 도움이 되는 팁과 여러 가지 정보를 알려드릴 거예요.

이미 스케치를 끝냈거나 구상한 이모티콘의 난이도가 높지 않다면

자신의 재량에 따라 선택해서 봐도 좋아요.

02-1
사람 캐릭터 그리기

사람 그리기는 모든 그림 그리기의 기본이면서도 가장 어려운 주제입니다.
하지만 너무 걱정하지 마세요! 자세하게 그려야 하는 일러스트와 달리 크
기가 작은 이모티콘에서는 단순한 그림이 더 효과적이기 때문입니다.
어렵게 생각하지 말고 여러분이 몰랐던 팁을 기억해 뒀다가 캐릭터에 적
용해 보세요!

캐릭터 비율 정하기

이모티콘 플랫폼마다 규격이 다르지만 대부분 가로 세로 각각 360픽셀(px)
내외입니다. 센티미터(cm)로 환산하면 12~13cm 크기예요. 이렇게 한정
된 공간 안에 캐릭터가 들어가야 하기 때문에 얼굴과 몸통을 어느 정도의
비율로 사용할지를 먼저 정해야 합니다.

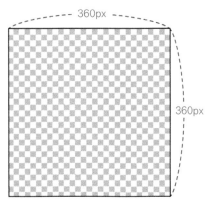

기본 이모티콘 사이즈

캐릭터 비율에 따른 느낌 비교

같은 캐릭터 전신을 비율만 다르게 해서 이모티콘 규격 안에 그려 봤습니
다. 같은 캐릭터, 같은 포즈인데도 비율에 따라 느낌이 꽤 다르죠?
저는 주로 6등신과 2~3등신 캐릭터 둘 중 하나를 선택해 그리기 시작합
니다. 두 가지 비율은 어떤 차이점과 장점이 있을까요?

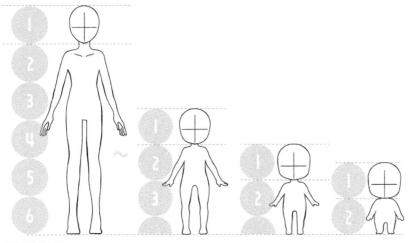

캐릭터의 등신비

💬 등신비는 머리와 몸의 비율을 말합니다.

6~7등신

6~7등신은 실제 사람과 비슷한 비율입니다. 표정이 잘 드러나도록 상반신만 나오는 이모티콘이나 전신을 모두 보여 줄 때 이 비율로 그립니다. 팔다리가 길기 때문에 실제 사람의 움직임을 표현할 수 있고, 동작이 커서 각종 재밌는 포즈를 표현하기에 좋습니다. 하지만 작업 크기가 작아 그리기가 어렵다는 단점이 있습니다.

전신이 모두 나오는 장면에선 표정 변화보단 몸의 움직임에 더 집중해서 그리고, 상반신만 나오는 장면에선 표정과 손동작에 집중해서 그리세요.

2~3등신

2~3등신의 캐릭터는 얼굴이 크기 때문에 표정의 변화가 눈에 잘 들어옵니다. 그래서 귀여운 캐릭터에 많이 쓰죠. 팔다리가 짧아 격렬한 동작엔 제한이 있으니 그럴 듯해 보이는 자세로 수정해 가며 그려야 합니다.

캐릭터를 어떤 비율로 그리는 게 콘셉트를 표현할 때 가장 효과적일지 잘 생각해 보세요. 몸의 움직임이 잘 보이는 게 중요하다면 6등신 캐릭터로, 얼굴 표정과 귀여움이 중요하다면 머리가 큰 2~3등신 캐릭터로 그려 주면 좀 더 효과적으로 작업할 수 있습니다.

얼굴 그리기

캐릭터를 어떤 비율로 그릴지 정했다면 이제 가장 포인트가 되는 얼굴을 그릴 차례입니다.

사람을 그릴 때 대부분 얼굴부터 시작하죠? 얼굴은 가장 먼저 시선이 가는 부위이고 캐릭터의 전체 느낌과 특징을 결정짓는 중요한 포인트입니다. 특히 이모티콘의 역할이 '감정 표현'인 만큼 캐릭터의 표정이 정말 중요합니다. 그래서 얼굴은 그릴 때 가장 재미있는 부분인 동시에 가장 어렵고 고민을 많이 해야 하는 부분입니다.

얼굴 십자선 그리기

캐릭터의 얼굴을 그릴 때 먼저 가이드로 사용할 둥근 원과 십자선을 그려야 합니다.

혹시 '이렇게까지 해야 하나?'라는 생각이 드나요?

이모티콘을 만들려면 같은 얼굴을 여러 각도로 그려야 합니다. 그런데 얼굴 각도에 따라 간격이나 비율이 조금씩 달라지면 캐릭터의 인상이 달라질 수도 있어요. 그렇기 때문에 원과 십자선으로 이목구비의 자리를 잡아야 합니다.

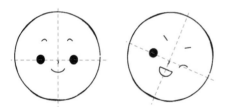

얼굴은 십자선을 기준으로 그려 줍니다.

그럼 십자선을 기준으로 눈, 코, 입의 위치를 살펴볼까요?

둥근 원을 얼굴로 봤을 때 십자선 중 수직선을 따라 코, 입, 턱이 위치하며 수평선을 기준으로 눈과 귀가 위치합니다. 눈썹과 눈은 수직선을 기준으로 좌우 대칭으로 그려야 어색하지 않습니다.

다음 그림을 보세요. 얼굴을 움직여서 각도와 위치가 달라졌어도 각 부위의 위치는 동일한 선에 있지요? 이렇게 십자선을 잡고 그리면 얼굴을 움직인 모습도 쉽게 그릴 수 있습니다.

정면이 아닌 다른 각도에서 바라보는 얼굴을 그릴 때도 마찬가지입니다. 옆에서 본 얼굴은 얼굴의 정중앙을 가로지르는 선을 좌우로 옮기고 각도에 따라 둥글게 수정한 후 그리면 됩니다. 이때 정면에서 바라볼 때와 달리 화면과 먼 안쪽 눈은 작게 그려 줍니다.

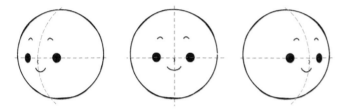

각도에 따라 얼굴이 달라져야 하고, 화면에서 먼 안쪽 눈은 작게 그립니다.

각도에 따라 달라지는 얼굴 러프 스케치

표정 그리기

이모티콘에서 전체 표정은 눈과 눈썹, 입의 모양이 좌우합니다. 반면 코는 다른 부위의 움직임을 돕거나 디자인에 따라서 아주 작게, 혹은 생략되는 경우가 많습니다.

지금 거울 앞에 가서 감정에 따라 자신의 눈, 눈썹, 입이 어떻게 바뀌는지 살펴보세요. 그 표정을 그림으로 어떻게 담아 낼까요?

감정 변화에 따른 각 부위별 표현 변화

눈과 눈썹은 인상을 결정하는 중요한 요소입니다.

특히 **눈썹**은 감정을 나타낼 때 가장 바쁘게 움직이는 부위입니다. 슬플 때는 눈썹을 축 처지게, 화날 때는 눈썹을 중앙으로 몰리게 그려 보세요. 감정을 쉽게 표현할 수 있습니다.

눈은 눈동자 위치, 눈꼬리, 눈꺼풀을 이용해 많은 이야기를 만들어 낼 수 있습니다. 캐릭터의 시선을 눈동자의 위치로 표현하며 웃을 때는 초승달 모양으로, 어이없거나 한심해 할 때는 눈꺼풀이 반쯤 감은 모습으로 그립니다.

입에서는 입꼬리가 중요합니다. 웃을 때는 입꼬리를 위로 올려서 그리고, 슬프거나 화날 때는 입꼬리를 내려서 그립니다. 입을 크게 벌릴수록 감정도 더 세게 느껴집니다.

작은 이모티콘 안에서 최대한 다양하게 표현하기 위해서는 각 부위의 변화를 극대화하는 것이 좋습니다.

나이대별 얼굴 표현하기

사람을 나이대별로 구분해서 표현하면 좀 더 다양하고 개성 있는 캐릭터를 그릴 수 있습니다.

어린아이 얼굴   청소년 얼굴   어른 얼굴

나이를 표현하기 위해서는 눈 크기와 얼굴 형태, 그리고 눈과 코 사이의 간격을 신경 써서 그려야 합니다.

어린아이는 전체적으로 얼굴이 둥글고 턱보단 볼살이 돋보이는 얼굴 형태를 하고 있습니다. 그림을 보면 코가 상당히 위로 올라가 있죠. 눈이 크고 눈과 코 사이의 간격이 좁을수록 어려 보입니다.

청소년은 어린아이보다 눈이 조금 작아지고 턱이 갸름해집니다.

어른은 얼굴이 더 길어진 완전한 계란형이며 코끝을 아래로 내려 그립니다. 눈이 작아지고, 코끝이 내려갈수록 얼굴이 나이 들어 보입니다.

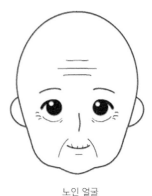

노인 얼굴

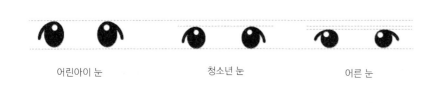

어린아이 눈   청소년 눈   어른 눈

노인의 경우 얼굴의 균형은 어른일 때와 같지만 주름이 늘어나고 피부가 처져 얼굴 형태가 바뀝니다. 이마와 눈가, 입 주변에 주름을 묘사할수록 더 나이 들어 보이게 할 수 있습니다. 특히 입가에 팔자 주름을 넣으면 효과적입니다.

하면 된다! 〉 사람 얼굴 그리기

앞에서 배운 내용을 종합해 사람 얼굴을 간단하게 그려 보겠습니다.
이때 여러분이 구상하는 캐릭터의 성격이 가장 잘 드러나는 표정을 먼저
그려 보는 게 좋습니다. 그런 다음 조금씩 수정해 다양한 표정을 그려 보
세요.

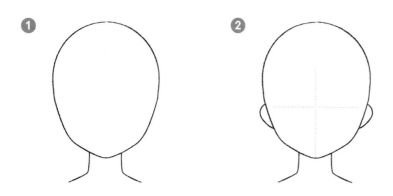

❶ 얼굴 형태를 잡아 줍니다.
❷ 얼굴에 십자선을 그리고 귀를 그려 주세요.

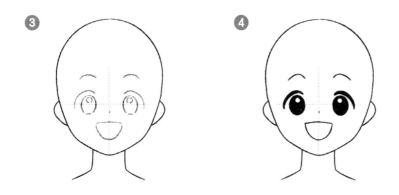

❸ 눈, 코, 입을 적당한 위치에 그려 줍니다.
눈꼬리가 아래로 내려가 있으면 순진해 보이고, 반대로 위로 올라가 있으
면 차갑거나 까칠한 성격의 캐릭터로 보입니다. 눈썹 역시 캐릭터의 표정
을 잘 나타내는 요소입니다.
❹ 스케치를 바탕으로 세밀하게 그립니다.
정면에서 바라본 코는 간단한 점이나 선으로 그릴 수 있습니다. 입을 크
게 벌린 모습으로 그리면 밝은 느낌을 줍니다.

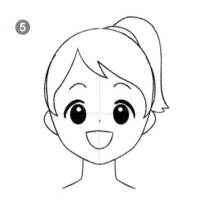 

❺ 얼굴 위로 머리 모양을 그립니다.

❻ 완성된 선을 펜으로 그리고 스케치를 지우면 사람 얼굴이 완성됩니다.

똑같은 캐릭터에 눈, 눈썹, 입의 형태를 바꿔 가며 다양한 표정을 그려 보세요! 이렇게 연습해 두면 이모티콘을 만들 때 도움이 됩니다.

2등신 캐릭터 얼굴 그리기

이모티콘 중에는 얼굴 표정이 잘 드러나는 2~3등신의 캐릭터가 많습니다. 이런 단순화된 캐릭터를 데포르메(déformer)라고 합니다.

대상을 사실적으로 묘사하지 않고 일부를 변형하거나 축소, 왜곡해서 표현하는 기법을 말하죠. 이런 데포르메 캐릭터는 몸이 작아서 어른 얼굴 비율로 그리면 어색해 보입니다.

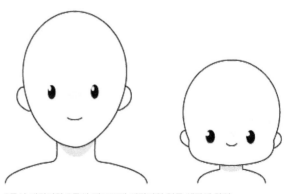

6등신 캐릭터와 2등신 데포르메 캐릭터의 얼굴 생김새 차이

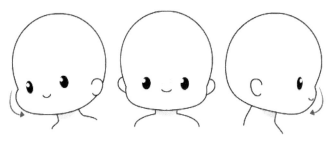

2등신 데포르메 캐릭터의 얼굴 모습

머리 모양과 장식이 돋보이는
데포르메 캐릭터

2등신 캐릭터는 둥근 원에 가까운 얼굴 형태에 볼이 통통하고 턱 선이 생략된 어린아이의 모습으로 그려 주면 귀여움을 살릴 수 있습니다. 코는 작게 그리거나 생략하고 옆모습을 그릴 땐 이마와 볼살을 크게 그립니다. 데포르메 캐릭터는 몸보다 얼굴이 돋보이기 때문에 머리 쪽 디자인에 집중해서 그려 주세요. 옷보다는 머리 모양이나 모자에 장식을 넣어 줘야 눈에 더 잘 보입니다.

몸 그리기

6등신 캐릭터 그리기

이제 몸을 그려 보겠습니다. 실제 사람과 비율이 비슷한 6등신 캐릭터를 먼저 그려 볼게요.

다음 그림은 원목 관절 인형입니다. 관절이 자유롭게 움직여서 다양한 포즈를 연출할 수 있는 인형이죠. 인체를 그릴 때 이 관절 인형처럼 각 부위를 크게 나눠서 스케치해야 자연스러운 자세를 그릴 수 있습니다.

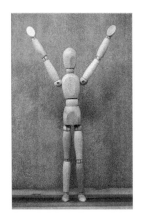

원목 관절 인형

전신이 보이는 사진이 있습니다. 그림 위로 선을 나눠 놓으니 인체가 훨씬 잘 구분되어 보이죠. 그리기 힘든 자세도 이렇게 인체의 각 부분을 도형으로 생각하며 자세를 잡아 주면 생동감 넘치게 그려 낼 수 있습니다.

  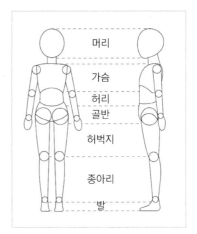

실제 인체의 비율로 캐릭터를 그릴 때는 먼저 ❶ 얼굴을 그려 주고 어깨선과 골반 선을 그려 위치를 잡아 줍니다. ❷ 가슴과 골반을 그리고 ❸ 팔다리 뼈대와 둥근 관절을 그려 준 뒤 위에 ❹ 살을 붙여 나가는 식으로 그리면 좀 더 쉽고 빠르게 자세를 잡아 줄 수 있습니다.

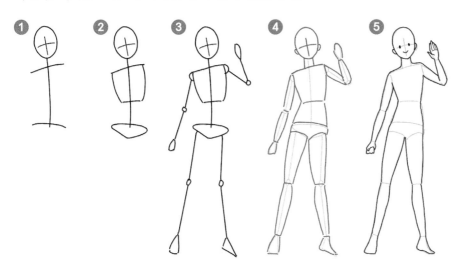

뼈대를 그리고 살을 붙여 주는 방식으로 그려 줍니다.

2등신 캐릭터 그리기

2등신 캐릭터도 마찬가지입니다. 그 대신 머리가 크고 몸이 작기 때문에 관절은 세세하게 나누지 않아도 좋아요.

전체적으로 생략해서 대충 위치만 잡으면 됩니다. 선이 단순하기 때문에 팔, 다리, 몸통을 크게 분리해 덩어리로 생각하며 그리면 쉽습니다.

먼저 ❶ 얼굴과 몸통 크기를 조절해 그리고 ❷ 팔과 다리 위치만 선으로 표시해 준 뒤 바로 ❸ 살을 붙이는 느낌으로 그려 줍니다.

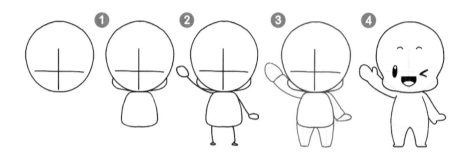

데포르메 캐릭터는 얼굴이 커서 표정이 잘 보이는 대신에 팔과 다리가 짧아 포즈를 취할 때 제약이 생깁니다. 예를 들어 팔을 크게 올려 하트를 그리는 포즈를 그리기 힘들죠. 큰 머리에 비해 팔이 너무 짧아서 두 손이 맞닿지 않거든요. 이럴 때는 팔을 과장되게 쭉 늘려서 표현하거나 손을 앞으로 내밀어 주는 자세로 바꿔서 그려 줍니다.

성격에 따라 캐릭터 자세 그리기

캐릭터의 성격은 자세로도 표현할 수 있습니다.

얼굴은 위쪽을 향하고 팔다리는 밖으로 쭉 뻗게 그리면 당당하고 활기찬 성격으로 보이고, 고개를 아래로 숙이고 팔다리는 안쪽으로 모아서 그리면 우울하고 소심한 성격으로 보입니다.

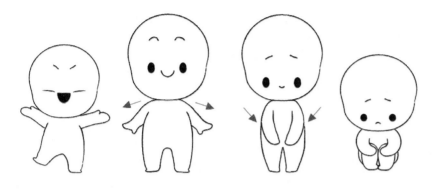

다른 동작을 그릴 때에도 성격에 맞춰 그리면 좀 더 재밌게 표현할 수 있습니다.

남녀 구별해서 그리기

캐릭터가 아주 어리거나 성별을 구분하지 않아도 된다면 상관없지만, 남녀 캐릭터를 꼭 구별해야 한다면 작은 이모티콘 안에서도 차이가 보이도록 그려야 합니다.

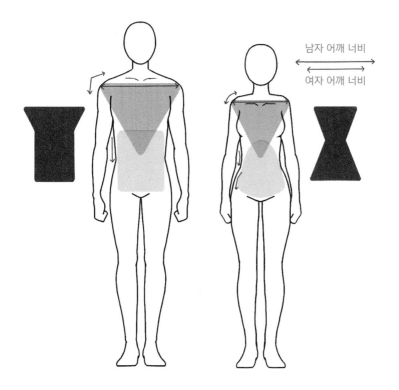

남녀의 가장 큰 특징은 몸의 구조입니다.

남자는 전체적으로 직선이 많이 느껴지며 어깨가 넓고 역삼각형의 체형이 특징입니다. 목은 여자보다 두껍게 그리고, 근육을 강조하면 차이가 두드러집니다.

여자는 전체적으로 둥근 느낌의 곡선이 많이 느껴지며 허리에 굴곡이 있고 골반의 너비가 큰 것이 특징입니다. 남자에 비해 어깨는 좁게, 가슴과 허리는 곡선으로 그려 주고 하체는 지방이 집중되어 있는 느낌으로 표현합니다.

💬 같은 성별 안에서도 근육질형, 비만형, 마른형 등 다양한 체형이 있기 때문에 포인트만 기억해 뒀다가 필요에 따라 응용해서 그리세요.

이런 차이는 실제 인체와 비슷한 비율의 캐릭터를 그릴 때도 도움이 되지만 데포르메 캐릭터를 그릴 때 더 유용하게 활용할 수 있습니다.

남녀 캐릭터가 구별되어야 한다면 어깨의 너비와 허리선, 골반 크기를 차이 나게 그려 보세요. 아주 조금씩만 바꿔 그려도 쉽게 구별할 수 있습니다.

손 그리기

사람 캐릭터 그리기의 맨 마지막 순서는 '손 그리기'입니다.

상대방이 고개를 끄덕이며 손가락을 둥글게 말아 OK 표시를 하는 이모티콘을 보내온다면 따로 멘트가 없어도 '알겠다.'라는 의미라는 걸 바로 알 수 있겠죠. 이렇듯 캐릭터를 그릴 때 손동작을 잘 그리면 감정을 더 풍부하게 표현할 수 있습니다.

손을 그리려고 하면 각 관절마다 움직이는 다섯 개의 손가락 때문에 어려워하는 사람들이 많습니다. 하지만 너무 고민하지 마세요! 손은 캐릭터에 따라 간단하게 생략해서 표현할 수 있거든요.

동그라미로 표현한 손

포인트 동작에서 표현한 손가락

저도 간단한 캐릭터 이모티콘을 만들 때 손은 대부분 동그라미로 단순화해 그리다가 손동작이 포인트인 중요한 장면에서만 손가락을 그려 주는 편입니다.

간단하게 표현한 손   가까이 왔을 때 표현한 손가락

실제 인체 비율의 캐릭터를 그릴 때에도 멀리 있을 때에는 손을 간단하게
그리다가 캐릭터가 화면 가까이 왔을 때에만 손가락을 묘사하죠.

단순하게라도 손동작을 그려 주려면 먼저 실제 손을 어떻게 그리는지 파
악해야겠죠?
먼저 상반신이 크게 보이는 장면에서 손이 어색해 보이지 않도록 사실적
인 손 모양 그리는 방법을 익혀 보고, 간단하게 단순화한 손 모양을 그려
보겠습니다.

사실적인 손 모양 그리기
사실적인 손 묘사는 실제 비율과 비슷한 6~7등신의 캐릭터를 그릴 때 유
용합니다.

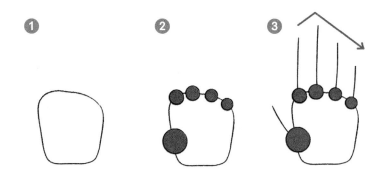

❶ 먼저 손바닥을 그립니다. 위쪽이 살짝 넓고 기울어진 둥근 네모 형태라고 생각하고 그리세요.

❷ 손가락 관절 부분에 원을 그립니다. 위쪽에 4개의 원을 크기에 차이를 두고 위치를 조절해서 그리고, 엄지손가락 부분엔 큰 원을 그립니다.

❸ 원 중심에서 뻗어 나오는 선을 그려 주세요. 각 손가락 길이는 화살표 높이를 참고해 주세요.

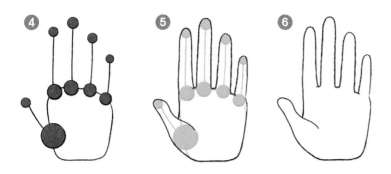

❹ 손가락 끝에 작은 원을 그립니다.

❺ 윤곽선을 이어서 그립니다.

❻ 스케치를 지우고 엄지손가락의 접히는 부분을 잘 표현해서 손을 완성합니다.

단순한 손 모양 그리기

앞의 방법을 응용하면 다양한 손 모양을 그릴 수 있습니다.

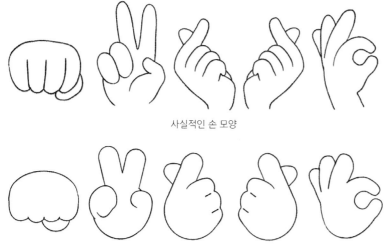

사실적인 손 모양

단순화한 손 모양

데포르메 캐릭터를 그릴 땐 사실적으로 그린 손보다 둥글고 단순화한 손이 더 어울립니다. 작고 귀여운 캐릭터에게 어울리는 단순한 손을 그리고 싶다면 손가락은 최대한 짧게, 손가락 사이 갈라지는 부분은 적게 그려 주세요.

손가락이 붙어 있을 때는 한 덩어리로 뭉쳐서 그려도 좋아요. 필요한 손가락만 크게 그리고 나머지 손가락은 간단하게 하나로 뭉쳐서 그리면 손 모양을 쉽게 표현할 수 있습니다.

02-2
동물 캐릭터 그리기

이모티콘 목록을 쭉 살펴보면 동물 캐릭터가 정말 많습니다.
강아지나 고양이, 토끼 같은 반려 동물부터 고릴라, 곰, 사자 같은 야생 동물, 조류, 어류 등 다양한 동물이 재밌는 캐릭터 이모티콘으로 변신해 채팅 창을 즐겁게 해 주고 있습니다.
왜 이렇게 동물 캐릭터가 인기 있을까요? 귀엽고 친숙하고 개성 넘치게 표현되어 있기 때문입니다. 게다가 동물마다 특징이 확실해서 사람보다 더 그리기 쉽다는 사실! 사람 캐릭터를 그리기 어려웠다면 동물 캐릭터부터 도전해 보세요.

동물 단순화해서 그리기

사람 캐릭터가 그랬듯이 동물도 이모티콘으로 만들 땐 단순화해 그려야 합니다.

고양이를 단순하게 표현하는 과정

걸어가는 고양이를 차례로 단순하게 그려 봤습니다.
고양이의 특징인 세모난 귀와 수염, 긴 꼬리를 살려 주니 정말 단순한 그림인데도 고양이인 게 바로 느껴지지 않나요? 동물은 겉모습이 독특해서 이렇게 포인트를 찾아내 간단하고 귀여운 캐릭터를 만들기에 아주 좋습니다.

단순화 과정 살펴보기

이해하기 쉽도록 다른 예시도 살펴보겠습니다.

단순한 캐릭터 만들기(곰, 펭귄)

곰과 펭귄 그림입니다.

곰은 둥근 귀를 그려 주고 튀어나온 주둥이는 아예 동그란 선으로 구분했습니다. 코가 큰 편이라 눈은 작게, 코는 눈보다 크게 그려 주니 친숙한 곰 캐릭터가 완성됐습니다.

펭귄은 개성 있는 몸의 색 배합은 그대로 가져 가면서 선을 최대한 덜 쓰도록 머리와 몸 선을 이어서 그리고 발가락 전체를 둥글게 뭉쳐서 그렸습니다.

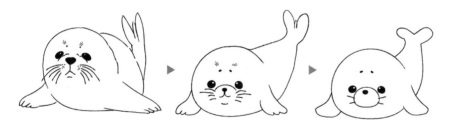

단순한 캐릭터 만들기(하프물범, 기린)

하프물범도 눈과 눈 위의 무늬는 그대로 가져 가면서 지느러미는 단순화하고 수염은 개수를 줄여서 그려 줬습니다.

기린은 머리 위 뿔과 큰 귀를 살려서 그리고 긴 얼굴은 타원형으로, 무늬는 최소한으로 몇 개만 그려 캐릭터로 만들었습니다.

이렇게 동물은 그 특징을 어떻게 강조하고 단순화하느냐에 따라 손쉽게 다양한 캐릭터를 그릴 수 있습니다. 앞에서 본 그림처럼 털이나 수염같이 선을 많이 그려야 하는 부분은 최대한 간단하게 혹은 아예 생략해서 그리고 특징만 살려 강조하는 연습을 해 보세요.

동물 얼굴 쉽게 그리기

앞에서 동물의 특징을 살려 단순하게 캐릭터로 만드는 과정을 살펴봤으니 이제 동물 사진을 보면서 직접 그려 볼 차례입니다. 동물을 그릴 때에도 사람을 그릴 때와 마찬가지로 얼굴이 중요합니다.

동물의 얼굴을 도형으로 생각하자

사람의 얼굴은 약간의 차이가 있을 뿐 대부분 비슷한 형태이지만 동물은 종에 따라 훨씬 다양합니다. 그래서 처음에 스케치할 때 얼굴 윤곽을 하나의 큰 도형으로 정해 두면 이미지를 잡기 쉽습니다.

동물 얼굴에서 도형 찾기

동물의 얼굴 형태는 정말 다양하지만 크게 세 가지로 나눌 수 있습니다. 둥근 얼굴, 위 아래로 각이 진 납작한 얼굴, 아래로 주둥이가 긴 얼굴. 먼저 어떤 동물을 그릴지 정하고, 그 동물 얼굴에서 단순한 도형을 찾아보세요. 그 위에 눈, 코, 입을 그리면 동물 캐릭터를 쉽게 그릴 수 있답니다.

💬 얼굴은 둥근 형태일수록 귀여운 느낌을 줍니다. 눈과 코, 입을 그릴 땐 사람 캐릭터를 그릴 때와 비슷하게 생각하면 됩니다. 예를 들어 입꼬리를 올리면 웃는 표정이 됩니다.

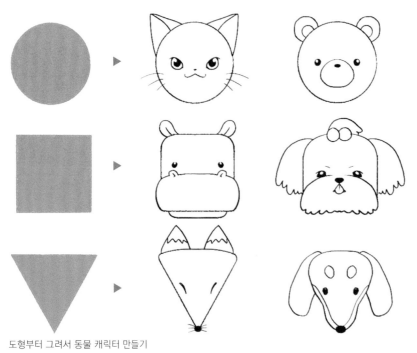

도형부터 그려서 동물 캐릭터 만들기

귀만 달라도 다른 동물이 된다

동물의 귀는 특징을 가장 쉽게 표현해 낼 수 있는 중요한 포인트입니다. 다음 그림을 보세요. 같은 얼굴에 귀만 바꿔 그렸을 뿐인데 다른 동물이 되었죠?

같은 얼굴에 귀만 바꿔 표현한 동물들

단순한 캐릭터를 만들다 보면 얼굴 구성이 비슷해지는 경우가 많은데 이럴 때 귀를 크게 그려 강조해 주면 효과적입니다. 같은 얼굴이라도 귀 모양에 따라서 어떤 동물인지 바로바로 구분할 수 있거든요.

단순화한 동작에 형태 덧붙이기

동물 캐릭터를 그리기 어렵다면 얼굴과 몸통, 팔다리 위치만 잡아 주고 형태나 동작을 추가해서 조금씩 다르게 그려 보세요.

방법은 이렇습니다. ① 얼굴, 몸을 도형으로 그리고 팔다리는 선으로 위치를 잡습니다. ② 선을 이어서 귀, 꼬리 등을 그리면 ③ 동물 캐릭터가 쉽게 완성됩니다.

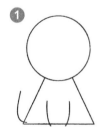  

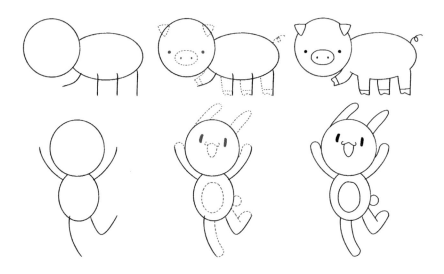

이렇게 간단한 그림부터 시작해서 다양한 캐릭터를 그리는 연습을 해 두면 나중에 내 캐릭터를 표현할 때 도움이 많이 됩니다.

동물 행동 참고하기

실제 동물의 행동을 잘 관찰하여 참고하는 것도 좋은 방법입니다.

예를 들어 **고양이**는 깜짝 놀랄 때 허리를 둥글게 말고 털을 바짝 세우며, 기분 좋고 편할 때는 양손을 번갈아 쥐며 꾹꾹이를 합니다. 또한 상자 안에 들어가 있는 것을 좋아하고 호기심이 많아 움직이는 걸 쫓곤 하죠.

강아지는 기쁠 때 꼬리를 흔들고 겁에 질리면 꼬리를 안쪽으로 말고 있습니다. 즐거울 때는 입을 벌리고 혓바닥을 내밀고 있는 표정을 합니다.

이모티콘을 그릴 때 이렇게 실제 동물의 습성이나 특징을 살려 표현하면 좀 더 재미있는 캐릭터를 만들 수 있습니다.

02-3

만화적 표현과 소품 그리기

사람과 동물 캐릭터를 그려 봤으니 이제 캐릭터 주변을 꾸며 더 이모티콘 같이 표현할 차례입니다.

만화적 표현

여기 두 그림이 있습니다. ❶과 ❷ 중 어느 쪽이 더 신나고 즐거워 보이나요?

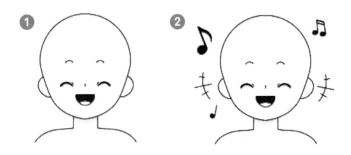

그렇죠! ❷가 더 신나고 즐거워 보입니다.

둘 다 똑같이 웃는 표정인데도 주변에 날아다니는 음표와 소리를 표현하는 선을 그려 넣으니 즐거운 감정이 배로 느껴지는 것을 알 수 있습니다. 이런 표현을 캐릭터 주변에 적절하게 사용해 주면 캐릭터의 표정을 더 돋보이게 해 주기 때문에 이모티콘을 제작할 때 많이 활용합니다.

💬 애니메이션이나 만화책을 참고하면 도움이 됩니다.

만화적 표현을 사용해 만든 이모티콘

화가 났을 때 핏줄이 서는 '빠직' 마크와 당황했을 때 나오는 땀 표현, 기대될 때 나오는 반짝임과 놀랐을 때 배경에서 나오는 불빛 표현 등은 아주 오래 전부터 만화책이나 애니메이션에 자주 등장하는 묘사 방법이죠. 이모티콘은 크기가 작은 만큼 이런 표현을 적절하게 사용하면 별다른 멘트 없이도 상대방에게 메시지를 빠르게 전달할 수 있습니다.

자주 쓰는 만화적 표현을 몇 가지 정리해 봤습니다.
❶ **기쁠 때**는 주변에 빛이 나는 것처럼 선을 그려 주거나 눈을 초롱초롱하게 그리고 하트가 나오는 묘사를 해 주면 감정이 더 쉽게 전달됩니다.

❷ **슬플 때**는 역시 눈물이 가장 큰 포인트가 되겠죠. 살짝 눈에 맺힌 눈물, 줄줄 흐르는 눈물 같이 세기를 조절해서 그려 보세요. 눈물과 함께 얼굴에 그늘이 지는 모습을 그리거나 한숨을 표현해 줄 수도 있고 길이가 다른 선을 줄지어 그려서 부정적인 감정을 표현해 줄 수도 있습니다.

❸ **화난 표정**은 역시 만화에서 자주 쓰는 연기 표현과 이마 위로 보이는 핏대 표현, 배경에 활활 타오르는 불꽃으로 분노를 나타낼 수 있습니다.

❹ **놀란 표현**은 느낌표나 물음표 등을 사용하면 더 효과적입니다. 전기에 감전된 표현과 뾰족뾰족한 효과도 좋아요. 얼굴에 그늘이 지거나 땀을 주룩주룩 흘리고 피부에 소름이 돋는 효과를 함께 그려 주면 감정이 더 잘 전달됩니다.

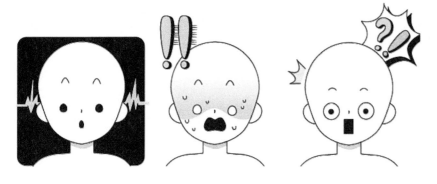

감정 세기에 따른 이미지 변화

비슷한 감정이라도 표현하는 방식에 따라 감정의 세기도 다르게 느껴집니다. 이해하기 쉽도록 제가 '네이버 OGQ 마켓'과 '네이버 밴드'에 출시한 '발그레 곰' 이모티콘의 초안 버전을 감정 세기별로 골라 묶어 봤습니다.

화난 감정 표현

다음 그림을 보면 셋 다 똑같이 화가 났음을 표현했지만 화가 난 정도는 모두 다릅니다.

❶ 살짝 삐진 정도의 감정 표현입니다. 캐릭터 옆에 새어 나오는 연기의 색도 연하고 크기도 아주 작아요.

❷ 더 화난 상태입니다. '빠직' 하는 핏줄 표현과 함께 붉어진 얼굴, 뭉게뭉게 피어나는 진한 연기를 그려서 차이를 뒀어요.

❸ 아예 뒤로 크게 치솟는 불꽃과 역광 효과를 넣었습니다. 분노에 어울리는 표현이에요.

즐거운 감정 표현

즐거운 표현도 살펴볼게요. 화난 감정 표현과 마찬가지로 즐거운 감정의 정도도 모두 다르게 표현할 수 있습니다.

❹ 훈훈한 미소를 표현하고 싶어 주변에 꽃 효과를 넣었습니다.

❺ 캐릭터들이 탬버린과 마이크를 가지고 노는 모습과 음표를 그려 신남을 표현했네요.

❻ 박수칠 때 나는 효과와 소리가 크게 울리고 있음을 그려서 폭소하는 캐릭터를 꾸며 주었습니다.

슬픈 감정 표현

마지막으로 우울하고 슬픈 감정 표현입니다. 그림자와 눈물의 양을 차이
나게 그려서 감정의 세기를 다르게 표현했습니다. ❼ 눈물이 살짝 맺힌
모습, ❽ 얼굴 위로 눈물이 뚝뚝 흐르는 모습, ❾ 눈물이 바닥까지 줄줄
흘러내리는 모습 등으로 감정 세기를 쉽게 조절해 그릴 수 있습니다.

생각한 것보다 감정 표현이 약하다는 생각이 들면 다른 표현을 추가해서
그려 보세요.
감정을 표현할 때 어느 정도의 세기로 표현하고 싶은지, 표현이 약하거나
과하지 않은지 잘 생각해 보면서 이모티콘을 구성해 보기 바랍니다.

소품과 의상으로 상황에 맞게 꾸미기

이모티콘 속 상황도 캐릭터 주변을 꾸며서 나타낼 수 있습니다.

아이디어가 생각났다는 걸 표시할 때 전구가 반짝이는 연출을 자주 사용합니다. 불빛이 반짝이는 효과가 아이디어가 번뜩 생각나는 상황과 비슷해 전구를 대신 그리는 거죠.

'충격'이라는 감정을 표현할 때 캐릭터 뒤로 비가 거세게 내리고 번개가 치는 배경을 그려 주는 것도 마찬가지입니다. 추상적인 느낌을 눈에 보이는 비슷한 형체로 표현해 주면 상황을 더 쉽고 빠르게 이해할 수 있습니다.

소품과 의상 활용하기
표현하고 싶은 상황에서 자주 사용하는 소품이나 의상을 캐릭터와 함께 그려 주는 것도 좋은 방법입니다.

❶ **축하**는 색색깔의 폭죽과 고깔 모자, 응원 도구, 케이크 등을 그려 주면 효과적입니다.

❷ **굿나잇** 인사를 하는 이모티콘을 만들고 싶다면 캐릭터에겐 잠옷, 이불을 그려 주고 배경엔 달과 별이 뜬 밤하늘을 그려 보세요. 캐릭터 위에 전등을 그려 놓고 불을 '딸깍'하고 끄는 애니메이션을 넣어 주면 밤이 되어 자러 간다는 메시지를 더 효과적으로 전달할 수 있습니다.

❸ **여유로움**은 캐릭터가 부드러운 표정으로 따뜻한 김이 나는 커피 한 잔을 홀짝이는 모습을 그려 주면 좋습니다. 주변에 작게 휘날리는 꽃을 그려 주면 더 효과적입니다.

❹ **쓸쓸함, 외로움**은 바람에 휘날려 떨어지는 낙엽을 배경으로 캐릭터에게 트렌치 코트를 입혀 주면 자연스럽게 연출할 수 있습니다.

내 캐릭터 구상하기

① 이모티콘으로 만들 내 캐릭터를 그려 보세요.

캐릭터는 자세를 다양하게 그릴 수 있도록 앞모습, 옆모습, 뒷모습을 함께 구상합니다.

앞모습	옆모습	뒷모습

② 캐릭터의 이름, 성격, 특징을 자세하게 적어 보세요.

나중에 플랫폼에 이모티콘을 제안할 때 첨부할 참고 자료로 쓸 수 있습니다.

캐릭터 이름	
캐릭터의 성격, 특징, 콘셉트 등	

❸ 표현할 감정을 정해 맨 앞에 적고, 알아볼 수 있는 정도의 러프 스케치를 한 뒤 어울리는 표정, 동작, 활용할 소품 등을 스케치 주변에 써 보면서 생각을 구체화해 보세요.

컬러 시안을 본격적으로 그리기 전에 가볍게 스케치하면서 계획을 세워 두면 나중에 컬러 시안을 그릴 때 고민하지 않고 빠르게 작업할 수 있습니다.

감정	표정	러프 스케치(동작·소품·효과·멘트)	
응원			

감정	표정	러프 스케치(동작·소품·효과·멘트)

감정	표정	러프 스케치(동작·소품·효과·멘트)

컴퓨터 작업 알아보기

★ ★ ★

이제 내가 만든 캐릭터 스케치를 컴퓨터 작업으로 옮길 차례입니다.

손 그림을 그리다가 컴퓨터 작업을 처음 시작하려면

용어도 어색하고 도구도 익숙하지 않을 거예요.

03장에서는 플랫폼마다 다른 제작 가이드를 바로 이해하고 응용할 수 있도록

이모티콘을 제작할 때 꼭 알아야 하는 용어를 소개하고,

작업할 때 도움이 되는 프로그램과 도구도 정리해 보겠습니다.

전문 지식이 없어도 쉽게 이해할 수 있도록 설명했으니 한번 읽어 보세요.

03-1
제작 가이드 속 용어 이해하기

이모티콘을 제작하기 위해선 제작 가이드에 맞춰 파일을 제작해야 합니다.
디지털 작업이 익숙하지 않은 분들을 위해 자주 쓰는 용어를 먼저 정리해
보겠습니다.

제작 가이드 살펴보기

카카오톡 이모티콘 스튜디오의 제작 가이드입니다.
이 제작 가이드에서 사용한 용어를 하나하나 짚어서 설명해 드릴게요.

카카오톡 이모티콘 스튜디오 — 제작 가이드(emoticonstudio.kakao.com/pages/start)

💬 움직이는 이모티콘을 제안하는데
왜 움직이는 이미지는 세 개만 올리냐
고요? 제안할 때 올리는 이미지는 어
떤 이모티콘을 만들지 보여 주는 견
본이라고 생각하면 돼요. 이후 제안이
승인되고 이모티콘을 정식으로 만들
때 피드백을 받으며 전체 24개의 움
직이는 이모티콘을 완성하게 됩니다.

이미지 파일 JPEG, PNG, GIF
먼저 저장 형식을 알아봅시다.

이모티콘을 만들 때는 제작 가이드에서 지정하는 저장 형식을 꼭 지켜야
합니다. 카카오톡 제작 가이드에서는 PNG, GIF 파일을 지정했네요. 자주
사용하는 이미지 파일 형식인 JPEG 파일과 비교해 설명하겠습니다.

JPEG	다양한 색상을 표현할 수 있어서 주로 일러스트나 사진을 저장할 때 많이 사용합니다. 사용 목적에 따라 압축률을 선택할 수 있습니다.
❶ PNG	비손실 그래픽 파일 포맷의 하나로 **투명한 부분도 구현**할 수 있기 때문에 웹에서 많이 사용합니다.
❷ GIF	JPEG 파일에 비해 압축률은 떨어지지만 전송 속도가 빠르고, 이미지의 손상이 적습니다. 이미지 여러 장을 모아 **애니메이션**을 만들 수 있습니다.

이모티콘은 웹에서 많이 사용하고 배경이 투명한 이미지로 만들어야 하
기 때문에 ❶ PNG 파일을 많이 사용합니다. 움직이는 이모티콘을 제안
할 때는 ❷ GIF 파일을 사용하는데 제작 가이드대로 캐릭터 뒤에 꼭 흰
배경을 넣어야 합니다.

픽셀

디지털 이미지를 계속해서 확대하다 보면 그림의 경계선이 매끄러운 곡
선이 아니라 계단식의 작은 사각형으로 나눠지는 모습을 볼 수 있습니다.

 ▶  ▶

우리가 보는 이미지는 사실 이 작은 사각형들의 집합체입니다.
이 사각형이 바로 ❸ 픽셀(pixel, px)입니다. 더 이상 쪼갤 수 없는 최소 단
위이지요. 픽셀의 숫자가 클수록 같은 면적 안에 작은 사각형들이 더 밀
도 있게 많이 들어가 있는 것을 뜻합니다. 쉽게 말해 더 선명한 이미지를
얻을 수 있죠.
카카오톡 제작 가이드를 보면 360×360(px)로 작업하라고 쓰여 있습니다.
이는 가로 세로 길이가 각각 360px인 이미지로 만들라는 뜻입니다.

해상도

해상도는 하나의 이미지를 몇 개의 픽셀로 표현했는지를 나타내는 용어로 ❺ dpi(dots per inch) 단위를 사용합니다.

픽셀이 많은 고해상도 이미지일수록 확대해도 선명하게 볼 수 있지만 그만큼 용량이 많이 필요하므로 상황에 맞는 적절한 해상도로 저장하는 것이 좋습니다.

출력하는 것을 전제로 한다면 300dpi로 설정하는 것이 가장 좋지만, 이모티콘은 웹에서 표현되는 이미지이므로 주로 그보다 가벼운 72dpi로 설정합니다. 해상도를 높게 설정하면 웹에서 불러오는 데 시간이 오래 걸릴 수 있기 때문이에요.

💬 dpi(dots per inch)는 1인치당 몇 개의 점(dot)으로 이루어졌는지 나타내는 단위입니다.

💬 ❹ 메가바이트는 80쪽에서 설명합니다.

컬러 모드

컴퓨터로 이미지를 만들 때 컬러 모드는 제작 용도에 따라 RGB와 CMYK 중에서 선택해야 합니다.

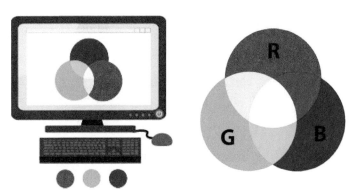

RGB 컬러 모드

❻ RGB는 빨간색(Red), 초록색(Green), 파란색(Blue)을 혼합해 색상을 나타냅니다. 빛의 혼합이라고도 불러요. 색을 표현하는 영역이 넓어 색감이 풍부한 이미지를 만들 수 있어요.

RGB는 TV, 컴퓨터, 스마트폰 등 모니터로 보는 이미지를 만들 때 사용합니다. 이모티콘 역시 컴퓨터와 스마트폰에서 보는 이미지이므로 반드시 RGB로 설정해야 합니다.

💬 빛은 겹치면 겹칠수록 색이 점점 밝아지고 마지막에는 흰색이 되는데 이걸 가산 혼합이라고 합니다.

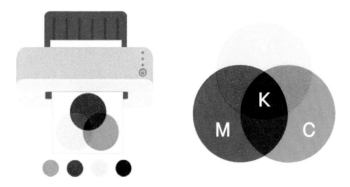

CMYK 컬러 모드

CMYK는 밝은 파란색(Cyan), 진홍색(Magenta), 노란색(Yellow), 검은색(Black)을 혼합해 색상을 만듭니다. CMYK는 RGB와 달리 세 가지가 아닌 네 가지 색을 사용하는데 삼원색만으로는 100% 완벽한 검은색을 만들 수 없기 때문입니다. 인쇄물에 사용할 이미지를 만들 때에는 CMYK로 설정해요.

💬 미술 시간에 쓰던 물감처럼 색을 섞을수록 탁하고 어둡게 변하기 때문에 감산 혼합이라고 합니다.

CMYK는 빛의 혼합인 RGB보다 표현할 수 있는 색에 제한이 있어 원하는 색감을 표현하기가 조금 힘듭니다. 그리고 같은 작업물이라도 CMYK로 설정할 때와 RGB로 설정할 때 색감이 미묘하게 다르죠. 만약 컬러 모드를 잘 확인하지 않고 작업하면 모니터 화면과 실제 인쇄된 색상이 전혀 달라 보이는 일이 생길 수 있답니다.
이모티콘은 RGB 모드로만 가능하기 때문에 시작할 때 컬러 모드를 꼭 확인하고 제작하길 바랍니다.

메가바이트
❹ 메가바이트(MB)는 파일의 용량 단위입니다.
단위는 비트(bit) 〈 바이트(B) 〈 킬로바이트(KB) 〈 메가바이트(MB) 〈 기가바이트(GB) 〈 테라바이트(TB) 〈 페타바이트(PB) 〈 엑사바이트(EB) 순으로 커집니다. **킬로바이트(KB) 〈 메가바이트(MB) 정도만 기억해 두면 됩니다.**

| 길이 | 넓이 | 무게 | 부피 | 온도 | 압력 | 속도 | 연비 | ᵛ 데이터양 | 시간 |

메가바이트 (MB) → 킬로바이트 (KB)

1 MB = 1,024 KB

8388608 비트(bit)	1048576 바이트(B)	1024 킬로바이트(KB)
1 메가바이트(MB)	0.000977 기가바이트(GB)	9.5367e-7 테라바이트(TB)
9.3132e-10 페타바이트(PB)	9.0949e-13 엑사바이트(EB)	

단위를 변환하는 모습. 포털 사이트 검색 창에 '단위 변환기'를 검색하고 [데이터양]을 클릭해 주세요.

그럼 파일의 용량은 어떻게 확인할까요?

원하는 파일에 마우스를 가져가 ❶ 오른쪽 버튼을 누른 뒤, 맨 마지막 ❷ [속성]을 눌러 줍니다. 속성 창에서 ❸ 크기 부분을 보면 이 파일의 용량이 61.3KB라는 것을 확인할 수 있습니다.

카카오톡 제작 가이드에 이미지 1개당 2MB 이하로 제작하라고 쓰여 있었죠? 61.3KB를 단위 변환기로 환산하면 0.059MB 정도라는 걸 알 수 있습니다. 2MB보다 작으니 제작 가이드에 맞게 작업되었네요!

지금까지 제작 가이드에 자주 등장하는 용어를 간단하게 살펴보았습니다. 플랫폼마다 필요한 이미지 크기나 용량 등은 조금씩 차이가 있지만 체크해야 하는 부분은 같습니다. 이모티콘을 제작하기 전에 제작 가이드를 보면서 지켜야 하는 부분을 꼭 체크하세요.

라인 이모티콘 제작 가이드

네이버 밴드 이모티콘 제작 가이드

03-2

프로그램 및 도구 정하기

혹시 이모티콘을 만들기 위해 비싼 태블릿을 구입할까 생각하고 있나요? 컴퓨터 작업을 처음 시작하는 사람들은 종종 전문가들이 쓰는 비싼 프로그램이나 도구가 있으면 수준 높은 작품을 만들 수 있을 것으로 생각하곤 합니다.

하지만 생각했던 것과 달리 비싼 프로그램과 도구를 쓴다고 해서 갑자기 그림 실력이 크게 향상되지는 않아요. 종이 위에 그림을 그릴 때보다 좀 더 편리하게 작업할 수 있도록 도와줄 뿐이죠. 그러니 시작부터 욕심내서 비싼 돈을 들이려 하지 말고 프로그램과 도구의 기능과 특성을 살펴보고 자신에게 맞는 제품을 찾은 뒤 구입을 결정하세요.

이번 장에서는 디지털 작업의 여러 가지 장점을 살펴보고 이모티콘 만들 때 주로 사용하는 프로그램과 도구를 알아보겠습니다.

디지털 작업의 장점

수작업의 여러 단점을 보완해 주는 디지털 작업에는 크게 세 가지 장점이 있습니다.

공간 제약 없고, 소모되지 않는 도구

수작업으로 그림을 한 장 그리려면 종이, 연필, 펜, 색연필, 물감, 팔레트, 붓 등 여러 도구가 필요합니다. 이런 도구들은 공간을 많이 차지하는 건 물론이고 그림을 그릴 때마다 소모되기 때문에 계속해서 구매해야 했죠. 하지만 디지털 작업을 할 때는 컴퓨터 하나만 있으면 됩니다. 필요에 따라 도구들을 그때그때 불러올 수 있고 소모될 걱정도 없으며, 크기나 용도의 제약 없이 원하는 대로 사용할 수 있습니다.

수작업에 필요한 미술 도구

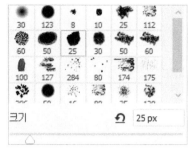
포토샵의 다양한 브러시 기능

1초 만에 반복 작업 해결

디지털 작업에 익숙해지면 수작업에 비해 훨씬 효율적이라는 것을 알 수 있습니다.

수작업 패턴

디지털 작업 패턴

같은 그림을 계속해서 그려 넣어야 하는 패턴 일러스트도 디지털 작업으로 하면 편해집니다. 그림을 하나만 그린 뒤 복사해서 붙여 넣는 방식으로 단번에 끝낼 수 있기 때문이죠. 이미지도 균일하고 작업 시간도 크게 줄어듭니다. 이렇게 디지털 작업을 하면 수작업에서 힘들고 어렵게 그렸던 것들도 간단하게 해결할 수 있습니다.

수정의 간편함 — 레이어 기능

디지털 작업의 장점은 그림을 수정할 때 특히 두드러집니다.

디지털 작업에는 실행 취소 기능이 있습니다. 실수할까 봐 겁먹지 않아도 되니 좀 더 다양하게 시도해 볼 수 있습니다.

수작업으로 그림을 그리다가 물을 엎지르거나 잘못된 곳을 채색하는 등 큰 실수를 했다면 어떻게 하나요? 오랜 시간을 들여 덧칠을 하거나 그리던 그림을 포기하고 다시 그려야 하지요.
하지만 디지털 작업에서는 '실행 취소'라는 마법 같은 기능이 있습니다. 언제든 작업을 원 상태로 되돌릴 수 있죠.

드로잉 프로그램에는 이렇게 효율적인 작업과 간편한 수정을 가능하게 하는 가장 중요한 기능이 있는데, 바로 레이어 기능입니다. 레이어 기능은 수작업과 디지털 작업의 가장 큰 차이점을 만들어 줍니다.
여기 꽃과 나비가 그려진 그림이 있습니다. 이 그림은 하나의 일러스트로 보이지만 사실 나비, 꽃, 잔디 이렇게 세 장의 레이어가 겹쳐 있습니다.

완성된 일러스트

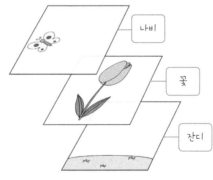

세 장으로 나눠진 레이어 이미지

레이어는 투명 셀로판지라고 생각하면 됩니다. 밑의 레이어가 그대로 비쳐 보이기 때문에 나비 그림 아래에 꽃 그림이 있어도 겹쳐서 한 장의 그림으로 보이는 거죠.

이렇게 레이어가 분리되어 있기 때문에 다른 부분은 건들지 않고 원하는 부분만 골라 손쉽게 수정할 수 있습니다. 예를 들어 '튤립 대신 해바라기를 그리고 싶다!'는 생각이 들었을 때 꽃이 그려진 두 번째 레이어만 수정하면 나비와 잔디 그림에는 전혀 영향을 주지 않고 꽃만 수정할 수 있습니다. 레이어를 많이 나누면 나눌수록 더 섬세하게 수정할 수 있어 일러스트를 그릴 때 아주 유용하게 사용됩니다.

여러분이 구상한 콘셉트의 이모티콘을 만들 때 레이어 기능이 필요한가요 필요하지 않은가요? 그에 따라 앞으로 소개할 프로그램 중에서 선택하면 됩니다.

드로잉 프로그램 소개

드로잉 프로그램의 종류는 정말 다양합니다.

디자인, 편집, 회화, 만화, 애니메이션 등 다양한 범위에서 활용되는 많은 드로잉 프로그램 가운데 가장 간편하고 활용도가 높은 프로그램 세 가지를 소개하겠습니다.

💬 프로그램 다운로드 방법은 각 프로그램을 다루는 장의 첫 부분에 있습니다.

1. 그림판(그림판 3D) — 드로잉 연습

그림판은 우리에게 가장 익숙한 드로잉 프로그램입니다.

복잡하게 다운받을 필요 없이 당장 컴퓨터를 켜서 사용할 수 있는 간편한 프로그램이죠. 가볍게 드로잉을 연습해 보기에 좋습니다.

💬 그림판으로 그림 그리는 방법은 04-1을 참고하세요.

그림판

그림판 3D

💬 그림판 3D는 기본적으로 그림판과 동일한 기능에 새로운 기능 및 도구가 추가된 업데이트 버전입니다.

투명한 배경의 PNG 파일로 저장할 수도 있어서 실제 이모티콘 이미지 작업도 가능합니다.

하지만 다른 드로잉 프로그램과 달리 그림을 나누는 레이어 기능이 없어서 복잡한 그림을 그리기에는 부적합합니다. B급 감성 이모티콘 특유의 조잡하고 삐뚤빼뚤한 선 느낌을 잘 표현할 수 있는 프로그램이기 때문에 **단순하고 대충 그린 콘셉트의 이모티콘을 제작하고 싶은 분들에게 추천**합니다.

작업 난이도	이모티콘 작업 활용도	레이어 기능 없음
★☆☆☆☆(낮음)	★☆☆☆☆(낮음)	움직이는 이모티콘 불가능

그림판(그림판 3D)의 장단점

장점	• 무료 프로그램 • 구성 및 기능이 단순해서 사용하기 편리함 • B급 감성 이모티콘 제작에 어울림
단점	• 레이어 기능이 없어 복잡한 드로잉 작업 불가능 • 사용할 수 있는 글꼴 종류가 한정됨

2. 사이툴 — 이미지 작업

사이툴(SAI)은 그림판보다 더 전문적인 일러스트를 그릴 수 있는 프로그램입니다.

🖳 사이툴로 그림 그리는 방법은 04-2를 참고하세요.

드로잉에 필요한 기능은 다 갖추고 있으면서 용량이 적고 편리해 많은 사람들이 즐겨 사용하죠. 사이툴에는 손 떨림 방지 기능이 있어 매끄럽고 깔끔한 선을 그릴 수 있기 때문에 특히 디지털 드로잉을 처음 시작하는 초보에게 추천하는 프로그램이에요.

사이툴

그림판과 비교했을 때 가장 큰 차이점은 레이어 기능을 쓸 수 있고 다른 프로그램과 호환성이 높다는 점입니다. 하지만 편집 기능과 필터, 표현 방식에 한계가 있기 때문에 포토샵 같은 프로그램과 병행해 사용하는 것이 좋습니다.

작업 난이도	이모티콘 작업 활용도	레이어 기능 있음
★★★☆☆(중간)	★★★☆☆(중간)	움직이는 이모티콘 불가능

사이툴의 장단점

장점	• 다른 프로그램에 비해 용량이 작고 인터페이스 구성이 편리함 • 레이어 기능이 있어 섬세한 드로잉 작업 가능 • 손 떨림 방지 기능이 있어 초보자가 사용하기에 좋음 • 다른 프로그램(예를 들어 포토샵)과 호환성이 높음 • 한 번만 구매하면 계속 쓸 수 있고 ver.2도 사용 가능
단점	• 5만 원 가량의 초기 구매 비용 • RGB 컬러 모드를 제외한 색상 환경을 구성할 수 없음 • 필터나 효과 종류가 적고, 포토샵의 다양한 기능 중 일부 기능만 있음 • (ver.1에서) 문자를 넣을 수 없어서 손으로 쓰거나 다른 프로그램을 사용해야 함(ver.2로는 문자를 넣을 수 있지만 아직 개발 중인 테스트 버전)

이 책에서는 ver.1을 기준으로 설명합니다.

3. 포토샵 — 이미지 작업, 애니메이션 작업

포토샵(Photoshop)은 어도비(Adobe)에서 개발한 그래픽 프로그램으로, 컴퓨터로 할 수 있는 거의 모든 그래픽 작업을 할 수 있습니다. 2D 그래픽의 대표 주자라고 할 수 있죠.

보정, 합성, 편집 기능이 뛰어나 다른 프로그램을 사용하더라도 마무리는 포토샵에서 하는 경우가 많습니다.

포토샵 하나만 있으면 이모티콘 작업에 많이 사용하는 PNG, JPEG, GIF 파일을 전부 만들 수 있습니다. 그렇기 때문에 많은 사람들이 이모티콘을 제작할 때 포토샵을 주로 사용합니다.

포토샵으로 그림 그리는 방법은 05장을 참고하세요.

포토샵

작업 난이도	이모티콘 작업 활용도	레이어 기능 있음
★★★★★(높음)	★★★★★(높음)	움직이는 이모티콘 가능

포토샵의 장단점

장점	• 필터와 효과가 무궁무진 • 레이어 기능이 있고 브러시 종류가 많아 섬세한 일러스트 작업 가능 • 이모티콘 제작에 필요한 파일 대부분을 작업할 수 있음
단점	• 매월 사용료가 있음 포토그래피(월 11,000원), 단일 앱(월 23,100원) 중 하나 선택 • 용량이 크고 프로그램이 무거워 프로그램을 켜고 끄는 데 시간이 오래 걸림 • 기능이 많은 만큼 복잡해 자주 다뤄 보면서 익혀야 함 • 높은 버전일수록 높은 컴퓨터 사양이 필요함. 사양이 낮은 컴퓨터일 경우 몇몇 기능이 실행되지 않을 수 있음

💬 포토샵을 구입한다면 '포토그래피'를 추천합니다(프리미엄 글꼴과 100GB의 클라우드 스토리지 유무 차이). 단, 포토그래피는 일정 기간 지난 후에 환불할 경우 남은 1년의 약정 기간 중 50% 금액이 청구됩니다.

무료 애니메이션 작업 프로그램 소개

움직이는 이모티콘을 만들 때는 애니메이션 작업 프로그램도 필요합니다. 가장 간단하면서도 많이 사용하는 프로그램 두 가지만 소개할게요.

1. 포토스케이프 — GIF 파일 제작

포토스케이프는 사진과 이미지를 쉽게 보정, 편집할 수 있는 프로그램으로 연속된 이미지 파일을 불러와 GIF 파일로 만드는 무료 프로그램입니다. 구성이 간단해 사용하기 쉽고 프로그램도 가벼워요.
네이버 소프트웨어에서 '포토스케이프'를 검색해 [무료 다운로드]를 누르면 프로그램을 설치할 수 있습니다. 사용하는 방법은 276쪽에 있습니다.

💬 카카오톡에 움직이는 이모티콘을 제안할 때에는 GIF 파일 세 개가 필요합니다.

2. APNG Assembler — APNG 파일 제작

네이버 라인(LINE)과 밴드(BAND)에서 주로 사용하는 APNG 파일을 만들어 주는 무료 프로그램입니다.

다운로드 링크(sourceforge.net/projects/apngasm)에서 [Download]를 눌러준 후, 파일의 압축을 풀고 아이콘을 누르면 바로 사용할 수 있습니다.

APNG는 PNG를 확장한 이미지 파일 형식입니다. GIF와 비슷한 방식으로 애니메이션을 구현하면서 기존 PNG 파일과의 하위 호환성을 유지하기 때문에 GIF보다 더 높은 품질로 보여 줍니다.

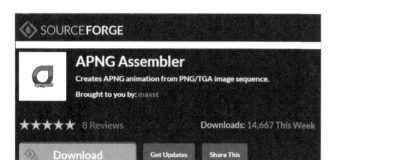

도구 소개 — 스캐너

이번엔 디지털 이미지를 만들 때 필요한 도구를 소개합니다.

스캐너는 책이나 문서, 사진 등의 자료를 컴퓨터가 처리할 수 있는 데이터로 만들어 줍니다. 또 손 그림을 멈춰 있는 이모티콘으로 만들 때 큰 도움이 됩니다. 긴 시간을 들여 태블릿에 적응할 필요 없이 종이에 스케치하여 스캔한 후 컴퓨터로 옮겨 채색하면 되기 때문입니다.

스캐너 살 때 체크할 부분

스캐너를 살 때 주로 살펴봐야 하는 부분은 다음과 같이 ❶ 스캔 속도와 ❷ 광학 해상도 두 가지입니다.

스캐너 종류에는 단순히 스캔만 할 수 있는 것과 스캐너 기능을 포함한 복합기도 있으니 용도나 가격대를 잘 확인하고 선택하세요.

스캔 정보

스캐너 타입	Flatbed
스캔 방법	CIS
스캔속도	약 19초 ❶
광학해상도*4	600 x 1200 dpi ❷

캐논 G3910 복합기 사양 중 스캔 정보 페이지

❶ **스캔 속도**: 스캔할 때 걸리는 시간을 확인하세요. 수치가 작을수록 속도가 빠릅니다.

❷ **광학 해상도(DPI)**: 해상도를 나타내며 수치가 클수록 세밀하게 스캔할 수 있습니다.

스마트폰 스캔 앱 — 어도비 스캔

스캐너를 구매하기 부담스럽다면 스마트폰 앱(App)을 이용해도 좋습니다.

어도비 스캔 앱을 실행한 뒤 이미지를 카메라로 촬영하면 자동으로 선택 영역을 지정해서 각도를 조정해 잘라 줍니다. 보정할 수 있는 옵션이 여러 가지이기 때문에 진짜 스캐너와 비슷한 효과도 가능합니다.

도구 소개 ─ 태블릿

태블릿은 컴퓨터로 그림을 그릴 때 가장 필요한 도구입니다. 태블릿은 형태에 따라 판 태블릿과 액정 태블릿으로 나뉩니다.

💬 아이패드를 사용해도 이모티콘을 만들 수 있습니다.

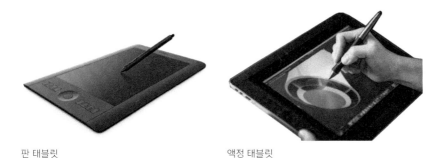

판 태블릿   액정 태블릿

태블릿은 펜을 얼마나 세게 누르는지 또는 길게 누르는지를 감지해 브러시의 굵기와 농도를 조절해 줍니다. 이 필압 감지 기능이 태블릿의 가장 큰 장점입니다.

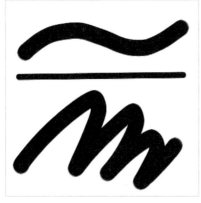

필압이 적용되지 않은 선

필압이 적용된 선

일반 마우스로는 필압을 조절할 수 없기 때문에 선의 양 끝이 뭉툭하고 두께와 색의 농도가 쭉 일정하게 그려지지만, 태블릿을 사용하면 펜으로 누르는 압력에 따라 선의 양 끝을 날카롭게 그릴 수 있고 선 두께와 농도도 자유자재로 조절할 수 있습니다. 이런 선의 변화로 정교하게 드로잉할 수 있습니다.

1. 판 태블릿

판 태블릿은 펜처럼 생긴 마우스와 압력을 감지하는 납작한 보드 형식의 입력 장치로 구성되어 있습니다. 와콤(WACOM)의 제품이 시장에서 거의 독점적인 위치를 차지하고 있을 정도로 유명하고 한본, 휴이온, 가오몬, 디징크, 장은테크 등 다양한 업체에서 제품을 출시하고 있습니다.

초보자용부터 전문가용까지 다양한 제품이 있고 가격도 천차만별이므로 잘 살펴보고 선택하세요.

저가형 입문용 태블릿

저렴한 가격으로 쉽게 입문할 수 있는 판 태블릿 제품을 소개합니다.

가오몬 GAOMON 1060 PRO
(3~4만 원)

휴이온 HUION H640P
(5~6만 원)

와콤 인튜어스 CTL-4100
(7~9만 원)

2. 액정 태블릿

일반 판 태블릿에서 시선은 모니터를 향하고 손은 태블릿 위에 둔 채 작업을 한다면, 액정 태블릿에서는 시선과 손의 위치 둘 다 태블릿 위에 두기 때문에 그리기가 좀 더 편합니다.

종이에 그림을 그리는 것과 마찬가지여서 적응하기 쉽지만 가격대가 높기 때문에 일러스트 전문가들이 주로 사용합니다. 액정 태블릿은 와콤 신티크 제품이 가장 유명하며 웹툰 작가들이 많이 사용합니다.

태블릿의 크기가 너무 작으면 팔은 적게 움직이는 반면 손목을 자주 움직여야 해서 힘듭니다. 한편 태블릿이 모니터만큼 크면 확대해서 그릴 때 팔을 크게 휘둘러야 해서 불편할 수 있습니다. 자신의 작업 성향을 따져보고 구매하세요.

태블릿 구매 시 주의할 점

많은 초보자들이 태블릿만 있다면 그림이 저절로 잘 그려질 것으로 기대하지만, 사실 태블릿을 처음 써 보면 적응하지 못해 고생하기 십상입니다.

액정 태블릿은 비싼 반면, 판 태블릿은 시선과 손의 동선이 일치하지 않아서 모니터와 태블릿을 번갈아 가면서 그림을 확인해야 합니다. 판 태블릿에서 원하는 대로 그림을 그리려면 선 긋는 연습부터 시작해 차례차례 적응해야 합니다.

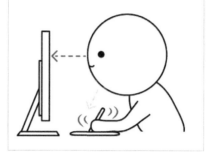

손 그림, 액정 태블릿으로 그릴 때 — 시선과 손의   판 태블릿으로 그릴 때 — 시선과 손의 동선 불일치
동선 일치

그러니 처음부터 크고 비싼 전문가용 태블릿을 살 필요는 없습니다.

특히 간단한 캐릭터 위주인 이모티콘 제작이 목적이라면 중저가의 태블릿만으로도 충분해요.

처음엔 무료 프로그램이나 체험판 버전을 설치하고, 저렴한 입문자용 태블릿을 사용해 선 긋는 연습과 모작 등을 통해 태블릿 쓰는 감각을 익히세요. 프로그램에 완벽하게 적응해 일러스트를 그릴 수 있으면 그때 좀 더 비싼 프로그램과 태블릿으로 넘어가도 충분합니다.

현재 자신의 실력과 앞으로 사용할 작업 범위를 잘 생각해 보면서 태블릿을 구매하세요.

태블릿 살 때 체크할 부분

태블릿은 제품에 따라 크기, 성능, 가격 등이 달라서 고를 때 당황할 수 있습니다. 좀 더 편하게 비교해 볼 수 있도록 구매 시 참고해야 할 부분을 표로 정리했습니다.

다음 내용을 살펴보면서 태블릿 제품을 서로 비교해 보고 용도와 예산에
맞춰 제품을 선택하세요.

제조회사	HUION (제조사 웹사이트 바로가기)	등록년월	2018년 05월
제품 분류	디지타이저(타블렛)	연결 방식	유선
블루투스 버전		인터페이스	USB
제품 구분	본품	본품 형태	일반형
작업영역	254 x 158.8mm (10 x 6.25") ①	LPI	5080LPI ②
압력감지레벨	8192 레벨 ③	인식속도	233 PPS ④

HUION H1060P 제품 상세 정보

① **태블릿 크기/작업 영역**: 태블릿 크기는 제품의 전체 크기를 말하고, 작업 영역은 그림을
인식할 수 있는 영역 크기를 말합니다. 작업 영역이 너무 작거나 너무 크면 그림을 그리기
힘듭니다. 용도에 맞춰 적당한 제품을 선택해 주세요.

② **해상도(LPI)**: LPI란 Lines Per Inch로 1인치 당 선의 밀집도를 말합니다. 해상도가 높
을수록 사용자가 태블릿에 그린 그림을 세밀하게 인식합니다.

③ **압력 감지 레벨**: 단계가 높아질수록 성능이 좋아 미세한 압력도 감지해 표현해 줍니다.

④ **인식 속도(PPS)**: PPS란 Points Per Second로 태블릿 본체와 펜이 좌표 정보를 주고
받는 횟수를 뜻합니다.

펜 형식: 태블릿 펜 속에 건전지를 넣거나 선을 연결해 충전해 쓰는 펜이 있고, 충전하지 않
고 사용하는 펜이 있습니다. 잘 확인하고 취향에 맞게 고르세요.

태블릿에 적응하기

판 태블릿을 사용하면 그림을 그리면서 손의 움직임을 볼 수 없기 때문에 선을 계속 그어 보면서 감각을 익히는 것이 좋습니다. 삐뚤빼뚤해도 좋으니 직선, 곡선, 도형 등을 여러 번 그려 보고 태블릿 펜을 세게 눌렀다가 떼 보면서 필압도 조절해 보세요.

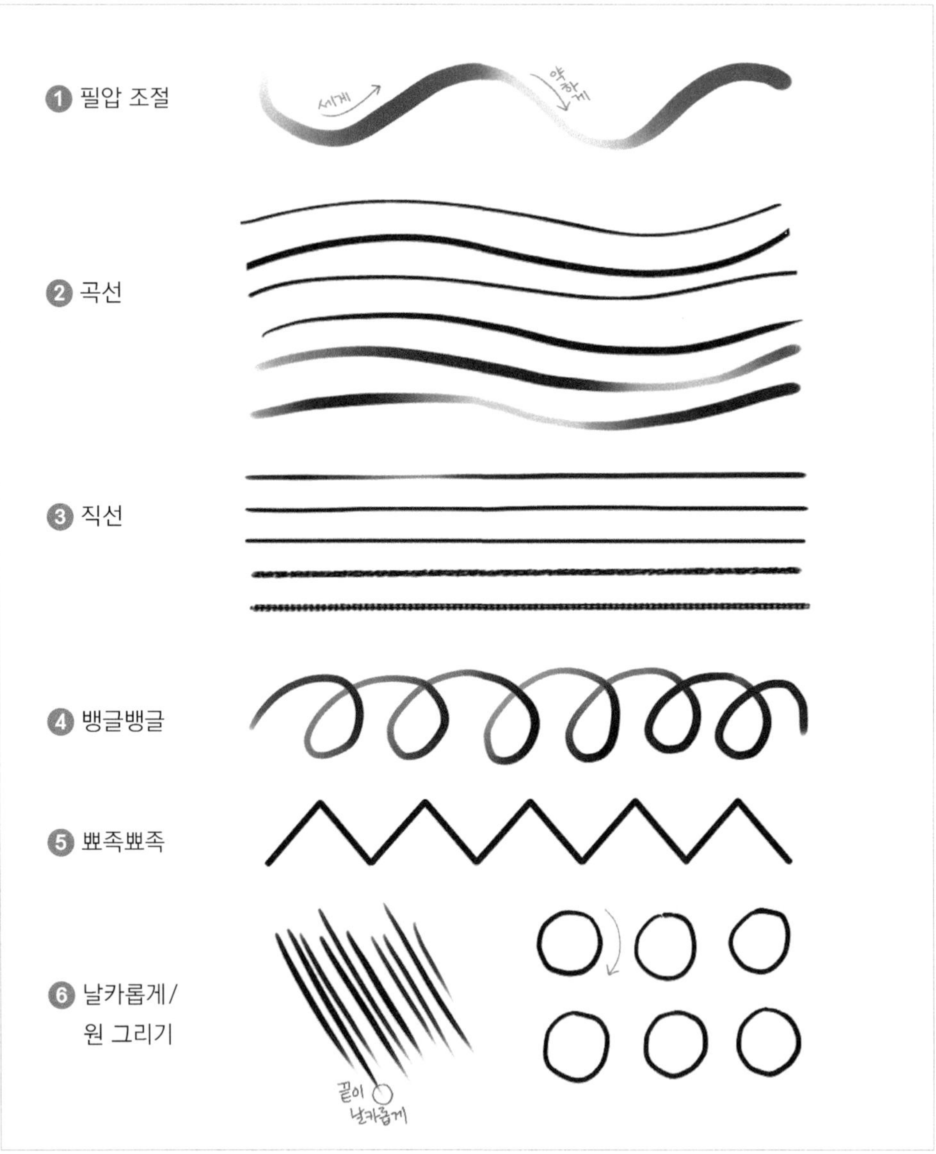

① 필압 조절

② 곡선

③ 직선

④ 뱅글뱅글

⑤ 뾰족뾰족

⑥ 날카롭게/
원 그리기

그림판, 사이툴로 쉽게 그리자

★ ★ ★

콘셉트를 정하고 캐릭터를 디자인했으니

본격적으로 이모티콘을 만들어 볼 차례입니다.

이모티콘은 만드는 방법도 많고 사용할 수 있는 프로그램도 다양합니다.

우리는 그중에서 가장 쉽고 간단한 프로그램부터 차근차근 연습해 보겠습니다.

04-1

그림판으로 그리기

그림판은 **윈도우를 설치하면 기본으로 제공**되는 친숙한 프로그램인데다가 기능이 간단해서 그림을 막 배우기 시작한 초보가 연습하기 좋습니다. 게다가 무료라 부담스럽지 않습니다.

그림판으로 그려 보면 선은 어떻게 그어야 하는지, 색은 어떻게 골라야 하는지 등 드로잉 프로그램을 다룰 때 필요한 가장 간단하고 기본적인 지식을 쉽고 자연스럽게 익힐 수 있습니다.

요즘에는 대충 만든 이모티콘이 대세로 떠오르고 있어서 일부러 그림판을 사용하기도 합니다. 그림판 특유의 낙서 같고 낮은 퀄리티가 오히려 B급 감성을 살려 재미를 주기 때문입니다.

그림판에는 레이어 기능이 없어 복잡한 이미지를 그리는 데 한계가 있지만 무료 프로그램인 만큼 가볍게 그림 연습을 한다는 생각으로 사용해 보시길 바랍니다.

- 난이도 ★☆☆☆☆
- 태블릿 없어도 OK!
- 멈춰 있는 이모티콘 가능
- 움직이는 이모티콘 불가능

그림판 3D로 그리기

윈도우 10이 나오면서 새로 출시된 그림판 3D(Paint 3D)에서는 기존 그림판보다 더 많은 브러시와 도구를 사용할 수 있고, 다각도에서 볼 수 있는 3D 모델도 만들어 볼 수 있습니다. 배경이 투명한 PNG 파일

그림판 3D 시작 화면

기존 그림판 로고

💬 기존 그림판(2D)이 우리에게 더 익숙하지만 이모티콘은 배경이 투명한 PNG 파일로 저장해야 하기 때문에 그림판 3D를 써야 합니다.

로 저장할 수 있어서 이모티콘 작업도 할 수 있죠. 울퉁불퉁한 [픽셀 펜]을 쓰면 대충 그려 넣은 것 같은 느낌을 잘 살릴 수 있어 **B급 감성 이모티콘 제작**에 어울리는 프로그램입니다.

하면 된다! } 그림판 3D 살펴보기

1. 윈도우 10을 실행하고 검색 창에 '그림판 3D'를 입력하면 바로 찾을
수 있습니다. [그림판 3D]를 클릭해서 실행해 주세요.

2. 그림판 3D를 실행했습니다. ① [새로 만들기]를 선택하면 작업 창으로
이동합니다.

3. 위쪽 메뉴 바에서 ❶ [캔버스]를 클릭하면 오른쪽 창에 여러 가지 메뉴가 뜹니다. ❷ 단위를 픽셀로 바꾸고 [가로 세로 비율 고정]의 체크 표시를 풀어 준 뒤 너비와 높이를 입력해 줍니다.

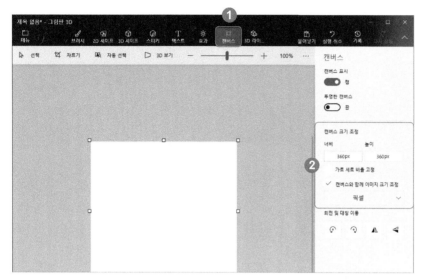

💬 [가로 세로 비율 고정]의 체크 표시를 풀어야 캔버스 크기를 자유롭게 조절할 수 있습니다.

4. 이제 캔버스 설정이 끝났습니다. 중간에 있는 하얀 사각형이 그림을 그릴 공간입니다. 위쪽 메뉴 바에서 ❶ [브러시]를 눌러 줍니다.

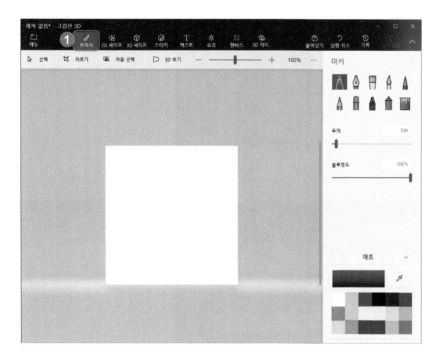

5. 오른쪽 창에 다양한 종류의 브러시가 나타났습니다.

종류는 순서대로 [마커], [붓글씨 펜], [유화 브러시], [수채화], [픽셀 펜], [연필], [지우개], [크레용], [스프레이 캔], [채우기]입니다. 브러시의 생김새가 각각 다르니 직접 써 보고 선택하면 됩니다.

💬 **브러시의 종류**
🖊 마커
🖊 붓글씨 펜
🖊 유화 브러시
🖊 수채화
🖊 픽셀 펜
🖊 연필
🖊 지우개
🖊 크레용
🖊 스프레이 캔
🖊 채우기

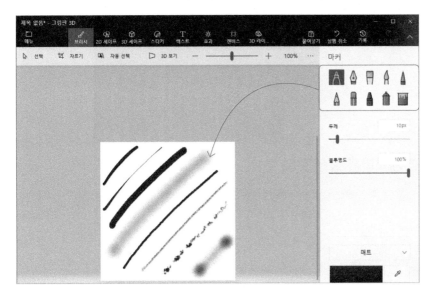

6. 브러시 메뉴 아래를 보면 색상을 선택할 수 있는 공간이 있습니다.

클릭하면 [색 편집] 창에서 색을 직접 고를 수 있습니다.

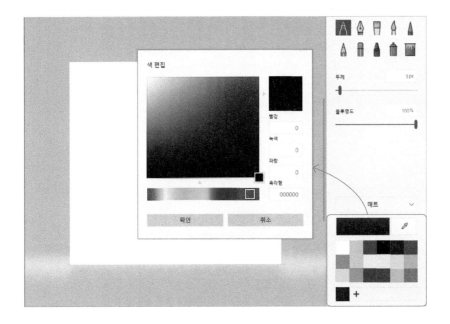

7. 메뉴 바 아래에는 캔버스를 확대/축소할 수 있는 버튼이 있습니다.

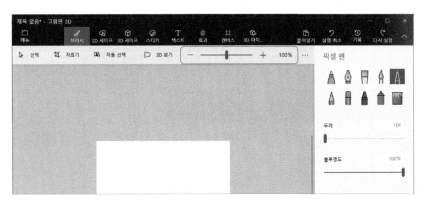

☺ 마우스 휠을 위아래로 돌려도 확대/축소됩니다.

하면 된다! ⎬ 그림판 3D로 캐릭터를 그려 보자

그림판의 특징을 살려서 낙서 같은 단순한 형태의 캐릭터를 그려 보겠습니다.

1. 메뉴 바에서 **❶** [브러시]를 누르고 **❷** [픽셀 펜]을 선택합니다. **❸** 선 두께를 조절해 주고 **❹** 원하는 색상을 선택합니다.

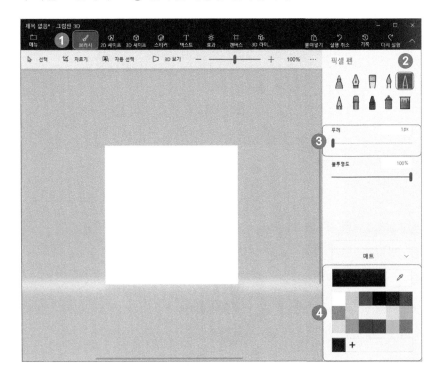

2. 원하는 캐릭터를 자유롭게 그려 줍니다. 선과 선이 끊어지지 않도록 최
대한 잘 이어서 그려 줍니다.

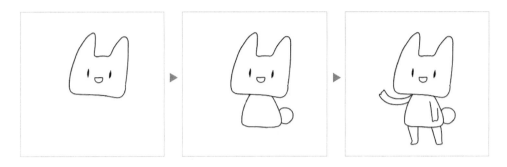

3. ❶ [브러시 → 채우기]를 누르고 ❷ 원하는 색상을 선택한 뒤, ❸ 색을
칠하고 싶은 부분을 클릭합니다.

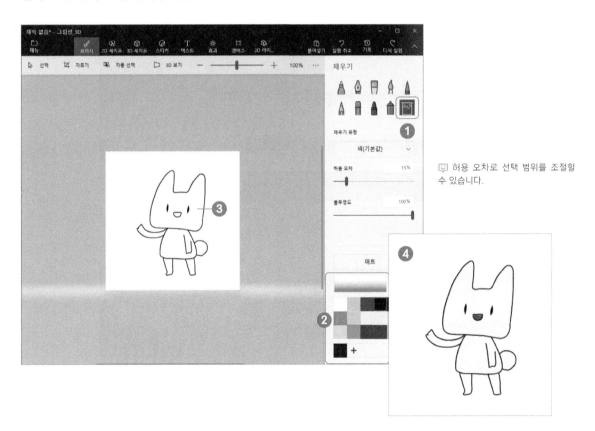

😀 허용 오차로 선택 범위를 조절할
수 있습니다.

4. ① [브러시 → 수채화]를 누르고 부드러운 외곽선으로 ② 그리고 싶은
부분을 작업합니다.

5. ① [브러시 → 붓글씨 펜]을 누르고 ② 캐릭터를 꾸며 줍니다.

6. 멘트도 적으면 좋겠죠? 메뉴 바에서 ❶ [텍스트]를 누르고 ❷ [2D 텍스트]를 선택한 후, 아래에서 ❸ 글꼴, 글자 크기, 글자 색상 등을 자유롭게 선택합니다. 마우스 포인터를 캔버스로 옮겨 글을 쓰고 싶은 공간에 ❹ 드래그하면 커서가 나타납니다. 원하는 멘트를 입력해 주세요.

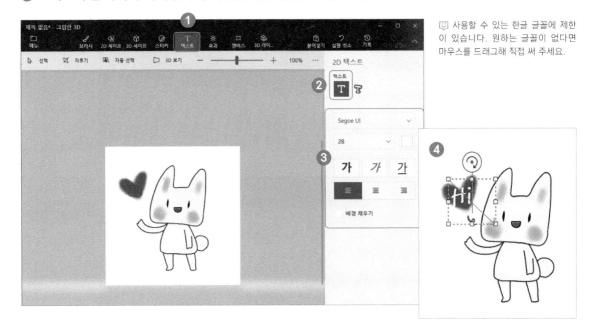

사용할 수 있는 한글 글꼴에 제한이 있습니다. 원하는 글꼴이 없다면 마우스를 드래그해 직접 써 주세요.

7. 위쪽 메뉴 바에서 ❶ [캔버스]를 누른 뒤 오른쪽 창에서 ❷ [투명한 캔버스]를 [켬]으로 바꿔 주면 ❸ 흰 배경이 사라지면서 캐릭터만 비춰 줍니다.
채색을 잘못한 부분이 있는지 잘 살펴보며 마무리해 주세요.

04 · 그림판, 사이툴로 쉽게 그리자   **105**

캐릭터의 색이 흰색이라면 흰 캔버스에 묻혀 채색하는 것을 잊을 수 있으니
투명한 캔버스를 꼭 켜서 채색이 안 된 부분이 있는지 잘 확인해 주세요.

채색을 하지 않고 투명한 캔버스를 켰을 경우   채색을 하고 투명한 캔버스를 켰을 경우

8. 작업이 끝났다면 메뉴 바에서 ❶ [메뉴]를 누른 뒤 ❷ [다른 이름으로
저장], ❸ [이미지]를 클릭해 줍니다.

💬 그림판 3D 프로젝트로 저장하면 이
모티콘을 나중에 수정할 수 있습니다.

9. 파일 저장 위치를 설정하고 [저장] 버튼을 눌러 주면 배경이 투명한 이
모티콘이 완성됩니다.

04-2

사이툴로 한 발짝 더!

앞에서 그림판 3D로 이모티콘을 만들면서 디지털 작업할 때 알아야 할 개념을 익혔으니, 한 발짝 더 나아가 레이어 기능이 있는 사이툴을 배워보겠습니다.

사이툴에는 그래픽 작업에 필요한 대부분의 기능이 있어서 연습만 하면 전문가 수준의 일러스트를 얼마든지 그릴 수 있습니다.

- 난이도 ★★☆☆☆
- 태블릿 초보에게 추천!
- 멈춰 있는 이모티콘 가능
- 움직이는 이모티콘 불가능

사이툴은 포토샵의 축소판

사이툴은 그림판보다 전문적으로 그림을 그릴 수 있으면서 포토샵보다 쉽고 프로그램이 가볍기 때문에 아마추어부터 현업에 종사하는 전문가까지 다양한 사람들이 사용하는 드로잉 프로그램입니다. 특히 손 떨림 방지 기능이 있어서 태블릿을 이제 막 배우기 시작해 선 긋는 게 힘든 태블릿 초보자에게 도움이 많이 됩니다.

이번에는 사이툴을 이용해 그림판에는 없는 레이어 기능에 적응해 보고 캐릭터를 그리는 방법을 알아보겠습니다.

하면 된다! ⟩ 사이툴 설치하고 열기

사이툴은 31일간 무료 체험판으로 사용해 볼 수 있습니다. 따라서 충분히 사용해 보고 구매를 결정하세요. 사이툴은 공식 홈페이지에서 다운로드 할 수 있습니다.

💬 정품으로 구입하는 방법이 궁금하다면 이지스퍼블리싱 홈페이지의 자료실에서 PDF 파일을 다운로드하세요.

1. 인터넷 주소 창에 www.systemax.jp/en/sai를 입력하거나 구글 (google)에서 easy paint tool sai를 검색해 사이툴 공식 홈페이지에 접속 합니다.

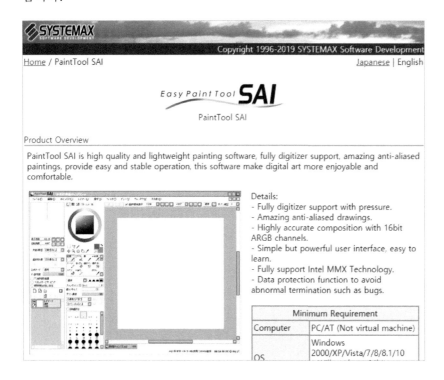

2. 스크롤을 아래로 내려 다음 문구를 찾으세요.

사이툴을 처음 설치한다면 위쪽의 [PaintTool SAI(Full installation)]를, 이 미 설치한 사이툴을 업그레이드한다면 [PaintTool SAI(Update files only)] 를 클릭해 다운로드해 주세요.

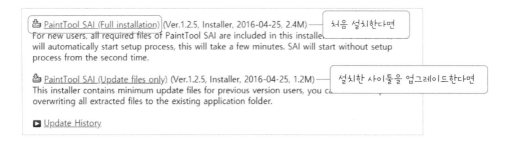

3. 다운받은 설치 파일을 더블클릭해 실행한 뒤 [Install] 버튼을 눌러 줍니 다. 설치가 완료되면 [확인] 버튼을 눌러 사이툴 설치를 마무리합니다.

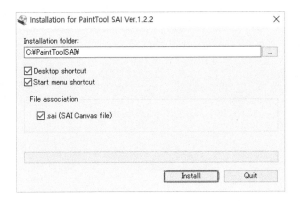 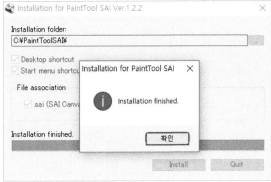

4. 바탕 화면에 추가된 사이툴 바로 가기 아이콘이나 C 드라이브의 [Paint ToolSAI] 폴더에서 [sai] 파일을 더블클릭합니다. 경고 창이 뜨나요? 사이툴 설치 과정을 마무리할 것인지 묻는 화면이니 [OK]를 눌러 줍니다.

5. 사이툴이 열립니다. 현재 체험판이므로 화면 오른쪽 윗부분에 Trial day로 사용한 날짜가 나타납니다.

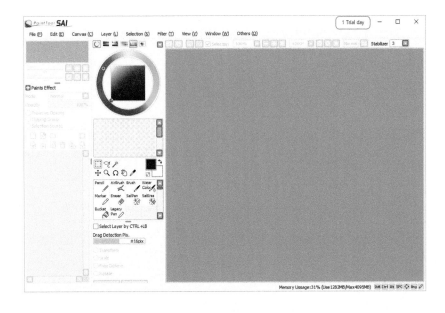

사이툴 살펴보기

사이툴의 기본 영역 이름만 간단히 살펴보고 가세요!

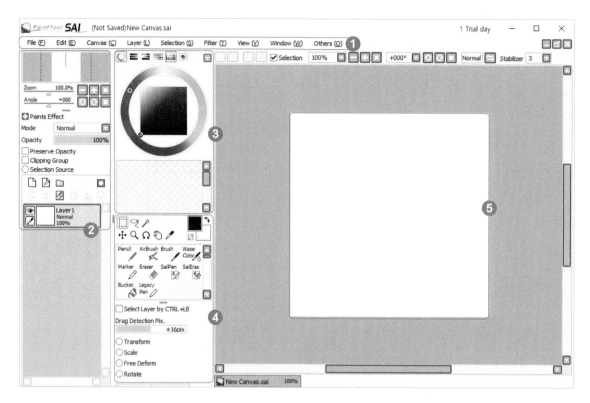

① **메뉴 바**: 사이툴의 기본 메뉴가 모여 있습니다.

② **레이어 패널**: 레이어를 관리하고 효과를 적용할 수 있습니다.

③ **컬러 패널**: 작업하는 데 필요한 색상을 설정하고 관리할 수 있습니다.

④ **툴 패널**: 그림을 그릴 때 필요한 도구가 모여 있습니다.

⑤ **캔버스**: 이미지를 작업하는 공간입니다.

하면 된다! ⟩ 사이툴로 캐릭터 그리기

그림 이제 본격적으로 사이툴을 이용해 캐릭터를 그려 보겠습니다.

1. 사이툴을 실행하고 ❶ [File → New]를 눌러 새 파일을 만듭니다.
설정에서는 단위를 ❷ [pixel]로 변경한 후, ❸ [Width](가로)와 [Height]
(세로)에 원하는 크기를 입력한 후 ❹ [OK] 버튼을 눌러 캔버스를 생성합
니다.

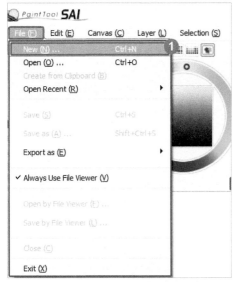

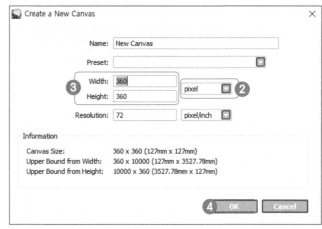

이 책에서는 카카오톡 이모티콘 사이즈인 가로 세로 각각 360px로 만듭니다.

2. 그림판에서 바로 캐릭터 선을 그렸던 것과 달리 사이툴에서는 밑그림을 그릴 수 있습니다. ① [AirBrush]를 선택하고 ② 세부 설정을 합니다.

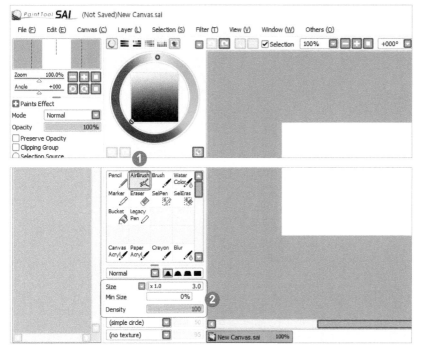

💭 세부 설정 항목
- Size(크기): 브러시의 크기를 조절할 수 있습니다.
- Min Size(필압 최젓값): 필압 최소 크기를 조절할 수 있으며, 숫자가 작을수록 선 끝이 날카로워집니다.
- Density(농도): 브러시의 농도를 조절할 수 있으며, 숫자가 클수록 진하고 작을수록 투명해집니다.

3. 컬러 패널에서 **1** 검은색을 클릭하고 **2** 러프 스케치를 합니다.

☑ 러프 스케치는 대략적인 느낌만 알 수 있도록 선을 여러 번 겹쳐 그리며 형태를 잡아 주는 것을 뜻합니다.

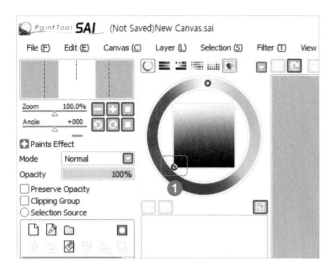

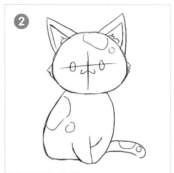

4. 러프 스케치는 어디까지나 밑그림이니, 레이어 패널에서 투명도인 **1** [Opacity]를 100%에서 낮춰 그림을 **2** 반투명하게 만들어 줍니다.

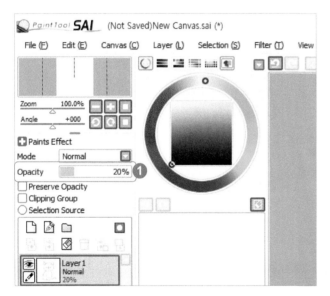

5. 이제 레이어 기능을 쓸 차례입니다. **1** [New Layer] 아이콘을 눌러 새로운 레이어 하나를 더 만들어 줍니다. **2** 레이어 이름을 더블클릭하면 이름을 바꿀 수 있습니다. **3** [Layer1]은 '러프스케치'로, [Layer2]는 '펜 선'으로 레이어 이름을 바꿔 보세요.

☑ 작업할 때 구별할 수 있도록 레이어 이름을 그때그때 수정해 주는 것이 좋습니다.

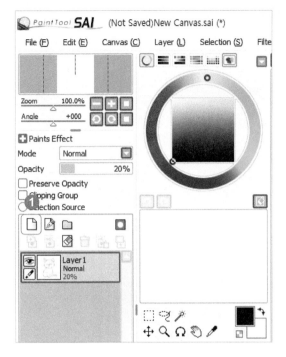

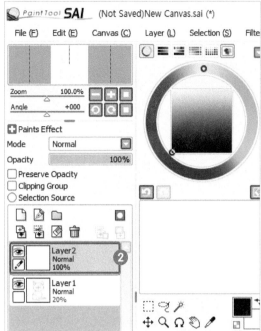

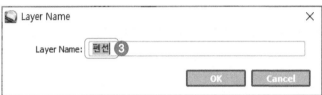

6. 종이에 연필로 밑그림을 그리고 그 위에 펜으로 그리듯이, 러프 스케치 위에 깔끔한 펜 선을 그리겠습니다.

먼저 새로 만든 ① [펜선] 레이어를 클릭한 뒤 ② [Pencil]을 선택하세요. ③ 에서 세부 설정도 조절합니다.

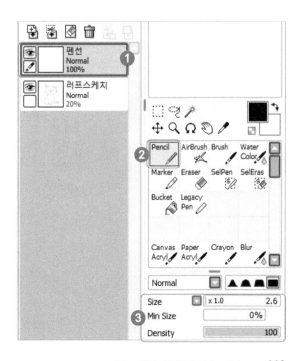

💬 세부 설정 항목
• Size(크기): 브러시의 크기를 조절할 수 있습니다.
• Min Size(필압 최젓값): 필압 최소 크기를 조절할 수 있으며, 숫자가 작을수록 선 끝이 날카로워집니다.
• Density(농도): 브러시의 농도를 조절할 수 있으며, 숫자가 클수록 진하고 작을수록 투명해집니다.

7. 러프 스케치를 따라 깔끔하게 선을 그립니다. 펜 선은 최대한 깔끔하
게, 선과 선 사이에 뚫린 부분이 없게 그리는 것이 좋습니다.

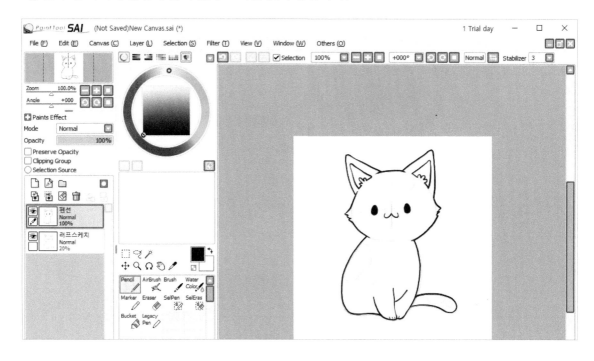

8. 펜 선을 다 그렸다면 [러프스케치] 레이어에서 ❶ 눈 아이콘을 눌러 레
이어를 꺼 보세요. ❷ 펜 선만 남습니다.

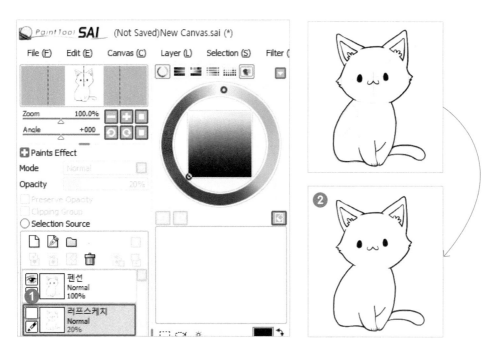

9. 이제 색칠할 시간이에요.

색칠할 때에도 다른 레이어에 작업해야 해요. ❶ [New Layer] 아이콘을
눌러 새로운 레이어를 하나 더 만들고 ❷ 이름을 '채색'으로 바꾸세요.

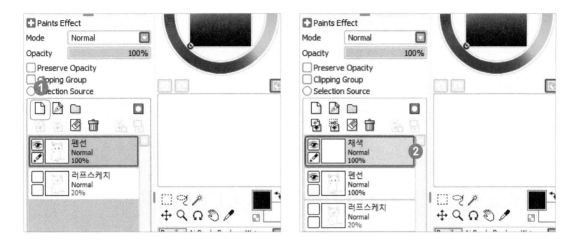

10. 채색하는 부분은 펜 선보다 아래에 있어야 합니다. [채색] 레이어를
드래그해 [펜선] 레이어 아래로 옮기세요.

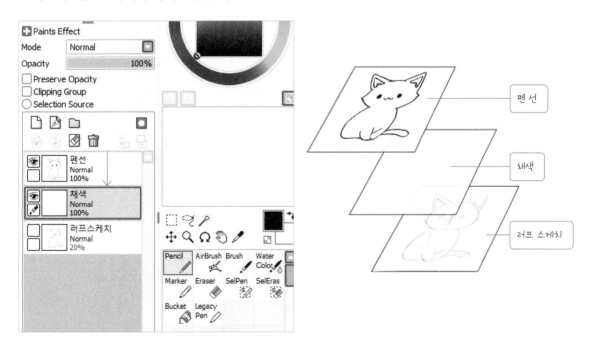

11. 색칠 작업은 [채색] 레이어에서 하지만, 영역 선택은 [펜선] 레이어에서 해야 합니다. [채색] 레이어는 아무 것도 없는 빈 도화지니까요! ❶ [펜선] 레이어를 선택하세요.

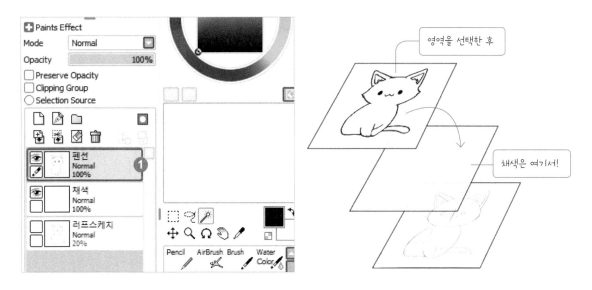

12. 영역을 선택하기 위해 ❶ [Magic Wand]를 누릅니다. 캔버스에서 ❷ 색을 칠하고 싶은 부분을 클릭해 주면 선택된 영역이 보라색으로 변합니다.

🖵 보라색으로 칠해진 것이 아니라 선택된 부분을 나타내는 거예요.

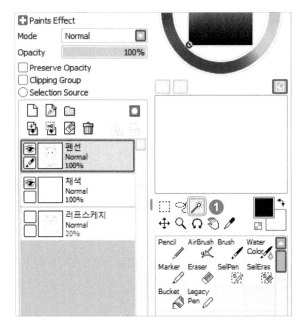

13. ① [SelPen]은 선택 영역 펜 도구, **②** [SelEras]는 선택 영역 지우개 ☐ 화면 확대 단축키: Ctrl + +
도구입니다.

화면 축소 단축키: Ctrl + −

화면을 확대해서 혹시 잘못 선택된 부분이 있는지 확인한 뒤 [Selpen]과
[SelEras]를 사용해 빈 공간을 메워 줍니다.

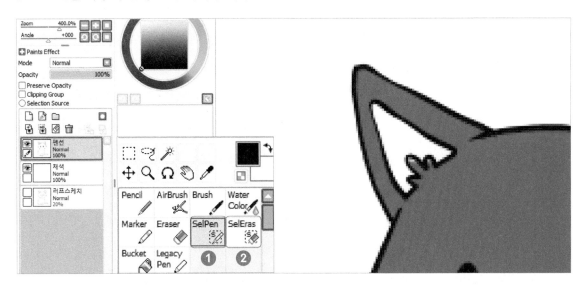

14. 선택 영역이 잘 지정되었다면 **①** [Bucket]을 눌러 보세요. 보라색 영
역이 사라지면서 **②** 영역이 점선으로 나타납니다.

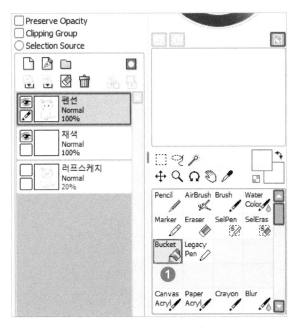

15. 채색할 영역을 선택했으니 다시 ① [채색] 레이어를 클릭해 돌아가세요. 그리고 ② 컬러 패널에서 원하는 색상을 선택합니다.

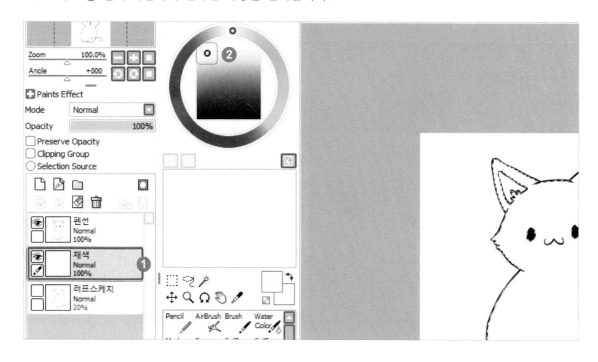

16. ① 채색할 부분을 클릭하거나 단축키 [Ctrl] + [F]를 눌러 주면 선택 영역에 색이 채워집니다. ② 선택 영역을 해제하고 싶다면 단축키 [Ctrl] + [D]를 눌러 주세요.

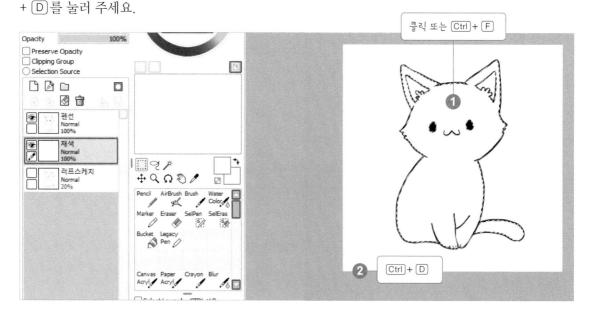

클릭 또는 [Ctrl] + [F]

[Ctrl] + [D]

17. 캐릭터를 조금 더 꾸며 봅시다.

❶ [New Layer] 아이콘을 눌러 새로운 레이어를 하나 더 만들어 주고 ❷
이름을 '얼룩무늬'로 바꾼 후 ❸ [펜선] 레이어 아래로 드래그해서 내려
줍니다.

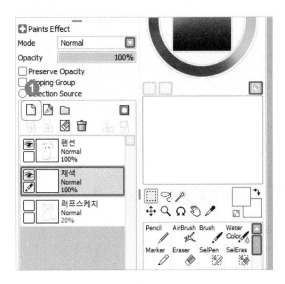
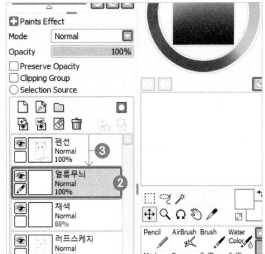

18. 고양이 몸통에 얼룩무늬를 넣으려고 해요. 이렇게 이미 채색된 범위
내에서 다른 색을 입힐 때 [Clipping Group]을 사용하면 편리합니다. 바
로 아래에 있는 [채색] 레이어에서 칠해 놓은 범위 내에서만 무늬가 깔끔
하게 채색되기 때문이에요.

레이어 패널 위쪽에서 ❶ [Clipping Group]에 체크 표시하세요.

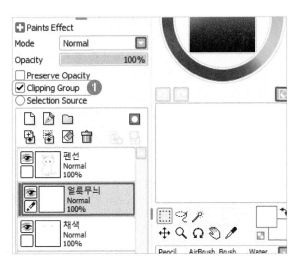
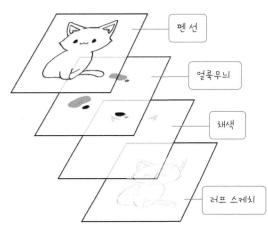

참고로, 칠한 영역에서 색이 삐져나오지 않게 하는 방법에는 두 가지가
있습니다.

Preserve Opacity(불투명도 보호)	Clipping Group(아래 레이어로 클리핑)
레이어의 투명한 부분에는 그림을 그릴 수 없게 됩니다.	선택된 레이어의 아래에 있는 레이어에 칠한 영역만 보입니다.

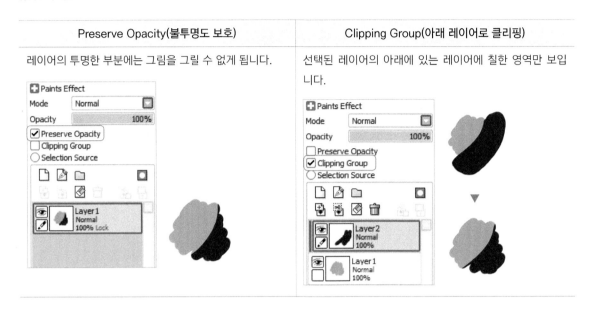

19. [Clipping Group]이 어떤 효과를 발휘하는지 볼까요? ❶ [Pencil]
을 누르고 ❷ 컬러 패널에서 색상을 선택해 ❸ 무늬를 그려 줍니다. 따로
영역을 선택하지 않아도 외곽선 안쪽에 무늬를 쉽게 넣을 수 있습니다.

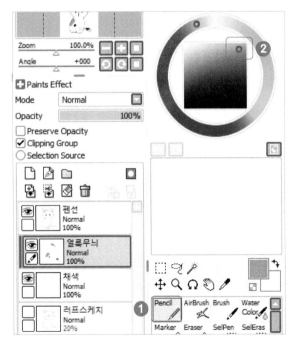

[Clipping Group]이 적용되지 않은 이미지

[Clipping Group]이 적용된 이미지

20. 마지막으로 볼 터치를 넣어 보겠습니다. ❶ [New Layer]를 눌러 새로운 레이어를 하나 더 만들어 주고 ❷ 이름을 '볼터치'로 바꿔 줍니다.

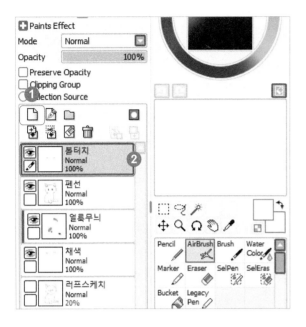

21. 외곽선이 부드러운 ❶ [AirBrush]를 이용해 ❷ 두 볼에 발그레한 뺨을 묘사해 줍니다.

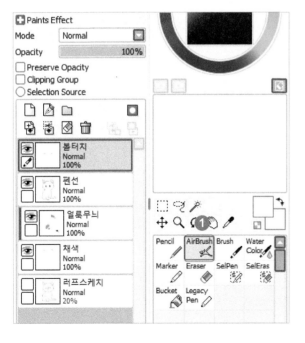

22. 그림이 마무리됐으면 ❶ [File → Save as]를 눌러 팝업 창이 뜨면 파일 저장 위치를 설정하고 파일 형식을 ❷ PNG로 바꿔 준 뒤 ❸ [Save]를 눌러 저장합니다.

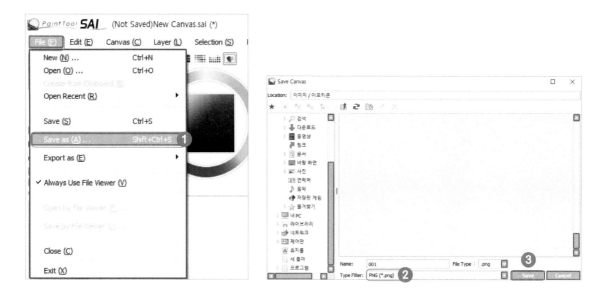

23. 혹시 경고 창이 뜨나요? [24bpp RGB]를 선택하면 배경의 흰 캔버스가 그대로 저장되고, [32bpp ARGB]를 선택하면 캔버스 없이 투명한 배경으로 저장됩니다.

❶ [32bpp ARGB]를 선택하고 ❷ [OK]를 누르세요. 귀여운 고양이 이모티콘이 완성됩니다.

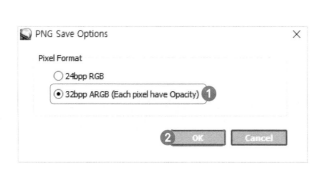

알아 두면 유용한 사이툴 단축키

사이툴에 어느 정도 익숙해졌나요? 그렇다면 단축키를 사용해 작업 속도
를 높여 보세요!

새 캔버스	Ctrl + N	다시 실행	Ctrl + Y
캔버스 열기	Ctrl + O	전체 채색	Ctrl + F
캔버스 종료	Ctrl + W	스포이트	Alt (또는 마우스 오른쪽 버튼 클릭)
캔버스 저장	Ctrl + S	반전	H
다른 이름으로 저장	Ctrl + Shift + S	직선 긋기	클릭한 후 Shift + 클릭
자유 변형	Ctrl + T	시계 방향으로 회전	End
전체 선택	Ctrl + A	반시계 방향으로 회전	Delete
선택 취소	Ctrl + D	캔버스를 전체 화면으로 보기	Home
복사	Ctrl + C	캔버스 이동	Spacebar + 드래그
붙여넣기	Ctrl + V	선택한 레이어의 오브젝트 이동	Ctrl + 클릭한 후 드래그
잘라내기	Ctrl + X	펜/지우개 크기 줄이기	[(누를수록 작아짐)
실행 취소	Ctrl + Z	펜/지우개 크기 키우기	] (누를수록 커짐)

04-3

작업 마치기 전 확인해야 할 세 가지

캐릭터를 완성하긴 했는데 어딘가 부족해 보이나요?
그렇다면 여기서 소개하는 세 가지 팁을 확인해 보면서 캐릭터를 보완해
보세요. 아주 작은 변화만 줘도 전보다 더 완성도 있는 캐릭터를 만들 수
있답니다!

확인 1 캐릭터 외곽선 두께, 색상 정하기

외곽선 두께

캐릭터 외곽선의 두께를 여러 가지 버전으로 그려 보세요.

선 두께에 따라 캐릭터의 느낌이 달라집니다.

이모티콘 목록을 쭉 살펴보면 외곽선 없이 면으로만 이루어진 캐릭터도
있고, 아주 얇은 선이나 두꺼운 선으로 그린 캐릭터도 있습니다. 캐릭터
의 디자인이나 콘셉트에 따라 어울리는 선 두께를 결정하고 이모티콘 전
체가 한 세트로 보이도록 선 두께를 잘 유지해서 그려야 합니다.

외곽선 색상

외곽선 색상도 자유롭게 바꿔 보세요.
저는 '쪼꼬미' 캐릭터를 디자인할 때 처음엔 검은색 선으로 그림을 그렸
다가 좀 더 부드러운 느낌을 주고 싶어서 외곽선을 어두운 갈색으로 바꿨

습니다. 그리고 두 그림을 비교해 봤어요. 검은색 선보다 선명도는 떨어
지지만 전체적으로 더 따뜻한 느낌이 나서 캐릭터와 잘 어울려 어두운 갈
색으로 확정지었습니다.

부드럽고 따뜻한 느낌을 주고 싶어 외곽선을 검은색에서 어두운 갈색으로 바꿔 줬습니다.

다른 일러스트 작업을 할 때에는 색다른 느낌을 주려고 외곽선 색상을 바
꾸기도 합니다.

저는 면 색과 비슷한 색상을 스포이트로 골라 준 뒤 그보다 조금 더 어두
운 색상을 골라 각각 외곽선에 칠하는 방법과, 캐릭터 전체 메인 색상을
고르고 면 색과 구별할 수 있도록 살짝 어두운 색으로 전체 외곽선을 통
일해 채색해 주는 방법을 사용하고 있습니다.

이렇게 외곽선 색상을 바꿔 주면 같은 캐릭터라도 색다르게 느껴집니다.

면 색보다 살짝 어두운 색상
외곽선을 사용한 모습

메인 색상보다 살짝 어두운 색상
외곽선을 사용한 모습

확인 2 색은 단순할수록 좋다!

캐릭터에 너무 많은 색상을 사용하면 산만하고 복잡해 보입니다. 메인 색
상 몇 가지를 정해 두고 그 안에서 골라 주는 것이 좋습니다.

너무 많은 색 사용   배경색(#a0c0d7)에 묻힘   적절한 색 조합

캐릭터뿐 아니라 배경이나 캐릭터가 사용하는 아이템 등 다른 요소도 메인
색상 몇 가지를 정해 두는 것이 좋아요. 이모티콘 자체가 워낙 작아서 전체
적인 색 구성이 단순할수록 캐릭터가 눈에 더 잘 들어오기 때문입니다.
또한 메인 색상을 고를 때는 배경색을 잘 고려하기 바랍니다.
색상을 잘못 선택하면 캐릭터가 채팅 창의 배경색에 묻혀 잘 보이지 않는
상황이 벌어지거든요. 특히 어두운 색이 메인 색상일 경우 꼭 캐릭터 뒤
에 배경색을 깔아 보고 잘 보이도록 색상을 조절해 주기 바랍니다.

확인 3 전체 분위기 통일하기

마지막으로 이모티콘을 한 세트로 만들 때는 전체 분위기를 통일하는 것
이 좋습니다.

이질감이 느껴지는 이미지

가운데 있는 캐릭터만 유독 튀어 보이지 않나요? 이렇게 캐릭터의 선 두
께나 색상 등이 통일되지 않으면 한 세트인데도 마치 다른 캐릭터가 끼어
들어 온 것처럼 이질감이 듭니다. 이모티콘 한 세트에서 선 두께는 일정
하게, 색상은 되도록이면 메인 색상 중에 골라 사용해 주세요.
특히 캐릭터는 눈, 코, 입의 위치가 조금만 달라져도 아예 다른 캐릭터처

럼 보이므로 첫 번째 이모티콘부터 마지막 이모티콘까지 비율과 형태를
그대로 유지해야 합니다.

등록 창에서 점검하기

이모티콘을 하나씩 봐서는 전체 분위기가 통일되었는지 확신이 들지 않
는다면, [카카오 이모티콘 스튜디오]에서 파일을 불러와서 비교해 보면
좋습니다. 파일 전체를 한눈에 볼 수 있고 움직이는 이모티콘도 계속해서
움직이기 때문에 이모티콘을 쉽게 비교해 볼 수 있습니다. 단, 이모티콘
전체 분위기를 확인한 후에는 [제출하기] 버튼을 누르지 말고 창을 그대
로 꺼 주세요.

📌 카카오 이모티콘 스튜디오 링크:
emoticonstudio.kakao.com

주먹밥 캐릭터 그리기

이번 장에서 배운 기능을 활용해 그림판 또는 사이툴로 간단한 그림을 그려 보세요!

 힌트

❶ 먼저 모서리가 둥근 사다리꼴을 그려 줍니다.

❷ 네모난 김을 밑에 그려 주고 부피감을 주기 위해 옆에 선을 그어 줍니다.

❸ 옆에 동그란 주먹밥을 하나 그려 줍니다.

❹ 뒤쪽에 주먹밥을 하나 더 그려 줍니다.

❺ 선이 침범하지 않도록 접시를 그려 줍니다.

❻ 재밌는 표정을 살려 그려 줍니다.

❼ [밑 색] 레이어를 하나 더 만든 뒤 맨 아래로 드래그해 주고 색을 칠해 줍니다.

❽ [포인트] 레이어를 하나 더 만든 후, 예쁘게 꾸미서 주먹밥 캐릭터를 완성합니다.

05

포토샵으로 이모티콘 만들기

★ ★ ★

그림판과 사이툴로 드로잉 프로그램을 연습했으니

이젠 조금 더 전문적인 프로그램인 포토샵을 다뤄 보겠습니다.

포토샵은 사진을 수정하고 합성할 때 많이 사용하는 프로그램이라 낯설진 않을 거예요.

포토샵의 기능 중에 몇 가지만 확실하게 기억해 두면

손 그림 이모티콘, 멈춰 있는 이모티콘, 움직이는 이모티콘,

사진을 활용한 이모티콘까지 전부 제작할 수 있습니다.

포토샵 설치부터 차근차근 알려드릴게요!

05-1
포토샵 CC 설치하기

포토샵의 최신 버전인 CC 버전은 이전 버전(CS5, CS6)과는 다르게 업데이트가 되어도 추가 비용 없이 최신 버전으로 사용할 수 있습니다. 연간이나 월 단위로 구매해 사용할 수 있고, 공식 홈페이지에서 7일 무료 체험판을 다운받아 사용해 볼 수 있습니다.

> 🖾 이 책은 포토샵 CC 버전을 사용하지만 특별한 신기능을 사용하지 않으므로 이전 버전을 사용해도 무방합니다.

하면 된다! ⟩ 포토샵 CC 무료 체험판 설치하기

1. 어도비 홈페이지(www.adobe.com/kr/products/photoshop)에 들어가 ❶ [무료 체험판] 버튼을 클릭합니다.

포토샵 CC가 어떤 프로그램인지 먼저 체험해 보고 싶다면 7일 무료 시험판을 다운받아 경험해 볼 수 있습니다.

2. 팝업 창이 뜨면 ❶ [무료 체험판]을 눌러 줍니다.

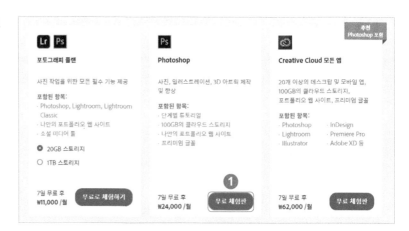

3. ① 이메일을 입력하고 약관에 체크한 뒤 ② [결제 플랜]을 선택하세요.
③ [계속] 버튼을 눌러 줍니다.

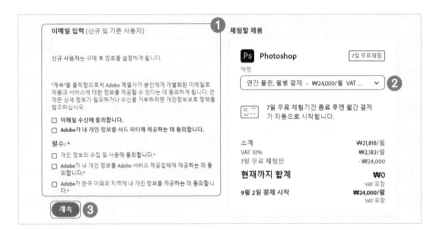

📝 무료 체험판을 설치하더라도 결제 정보를 입력해야 합니다.

4. ① 결제 방법을 입력하고 ②에서 체험 기간과 환불 내용을 확인하였다면 ③ [무료 체험기간 시작] 버튼을 눌러 줍니다.

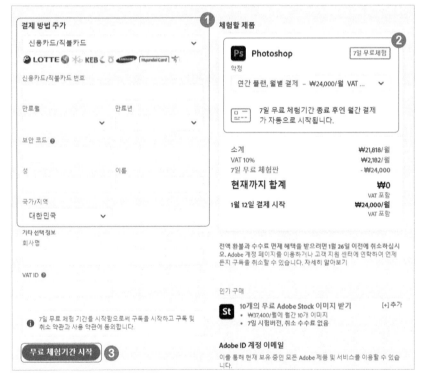

📝 해외결제 가능한 카드로 등록해야 합니다.

📝 7일 무료 기간 종료 후에는 자동 결제가 시작됩니다. 무료 체험 기간이 끝난 후 정지하고 싶다면 132쪽을 참고하세요.

5. ❶ [암호 설정]을 눌러 ❷ 암호를 입력하고 ❸ [계속] 버튼을 눌러 줍니다. 팝업 창이 뜨면 ❹ [Creative Cloud Desktop App 열기] 버튼을 눌러 줍니다.

6. 클라우드에서 포토샵이 설치됩니다. 설치가 완료되면 [열기] 버튼을 눌러 포토샵을 실행하세요.

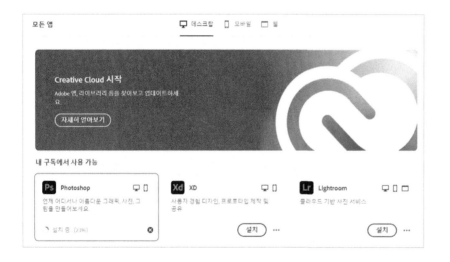

하면 된다! ├ 무료 체험판 7일 사용 후 자동 결제 해지하기

체험판 기간이 끝난 후 더 이상 포토샵을 사용하지 않을 예정이라면 자동 결제를 해지해야 합니다. 혹시 해지 기간을 넘겼더라도 2주 이내로 해지하면 환불이 가능하니 꼭 기간을 확인하세요.

1. 어도비 클라우드(creativecloud.adobe.com)에 들어가 로그인을 하고 ①
[계정 관리]를 눌러 줍니다.

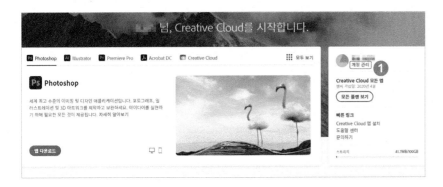

2. ① [플랜 관리] 위에 마우스 커서를 올리고 ② [플랜 취소]를 눌러 줍
니다.

3. 새 창이 뜨면 ①에 암호를 입력하고 ② [계속]을 눌러 줍니다.

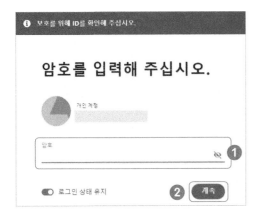

4. 플랜 취소 과정을 진행합니다. ❶에서 취소 이유를 선택하고 ❷ [확인]
을 눌러 줍니다.

5. 마지막 화면에서 ❶ [확인]을 누르면 포토샵 자동 결제가 취소됩니다.
❷ 문구를 확인하고 자동 결제 취소 메일을 확인합니다.

🖂 자동 결제 취소 메일도 확인하세요.

05-2

작업 환경 만들기

물건을 찾을 때 어느 곳에 있는지 알고 있어야 헤매지 않고 쉽고 빠르게 찾을 수 있지요? 포토샵에서도 마찬가지입니다.
자주 사용하는 기능의 위치를 기억해 두면 훨씬 빠르게 작업할 수 있어요. 여기에서는 메뉴 바, 툴 패널, 캔버스 같이 작업할 때 필요한 기본적인 몇 가지 이름부터 익히고, 이후에는 캐릭터를 그리는 데 필요한 기능만 골라서 배우겠습니다.

하면 된다! } 포토샵 시작하기

1. 포토샵을 처음 실행하면 시작 화면이 나타납니다.
새로운 작업을 시작하기 위해서 [새 파일]을 눌러 줍니다.

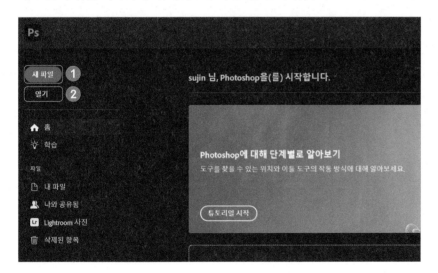

❶ **새 파일**: 사용자가 원하는 크기로 문서를 만듭니다. 단축키: Ctrl + N

❷ **열기**: 저장된 이미지를 불러옵니다. 단축키: Ctrl + O

2. [새로 만들기 문서] 창이 뜨면 플랫폼에서 제시하는 이모티콘 제작 가이드에 맞춰 숫자를 지정하세요. 여기에서는 카카오톡 이모티콘 제작 가이드에 맞춰 ❶ 단위: **픽셀**, 폭: 360, 높이: 360, 해상도: 72, 색상 모드: **RGB 색상**, 배경 내용: **흰색**으로 지정하겠습니다. 이모티콘은 배경이 투명해야 하지만 작업할 때는 배경이 흰색이어야 그림이 잘 보이기 때문에 우선 '배경 내용: **흰색**'으로 지정해 놓을게요.

❷ [**제작**]을 누르면 이모티콘을 만들 수 있는 캔버스가 나타납니다.

📝 이모티콘 플랫폼마다 원하는 이미지 규격이 다르니 제작 가이드를 잘 확인하고 만드세요.

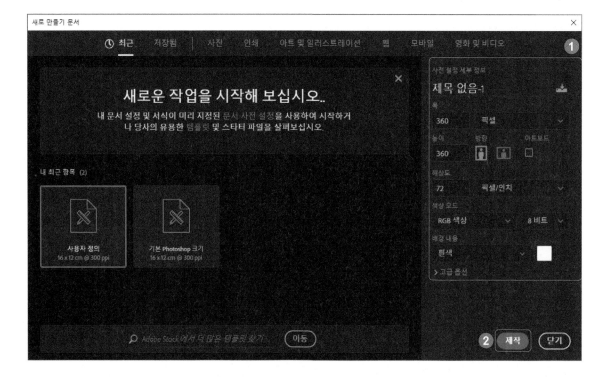

3. 캔버스가 만들어졌습니다. 화면의 각 부분이 어떤 역할을 하는지 가볍게 읽어 보세요.

❶ **메뉴 바**: 포토샵의 기본 메뉴가 모여 있습니다.

❷ **옵션 바**: 선택한 도구를 좀 더 세밀하게 조절할 수 있는 옵션이 나타납니다.

❸ **파일 이름 탭**: 파일의 이름과 화면 확대 비율, 컬러 모드가 표시됩니다.

❹ **툴 패널**: 포토샵으로 작업할 때 자주 쓰는 도구가 모여 있습니다.

❺ **캔버스**: 작업한 이미지가 나타나는 공간입니다.

❻ **패널**: 작업하는 데 필요한 기능이 모여 있습니다. [메뉴 바 → 창(W)]에서 원하는 패널을 불러올 수 있습니다.

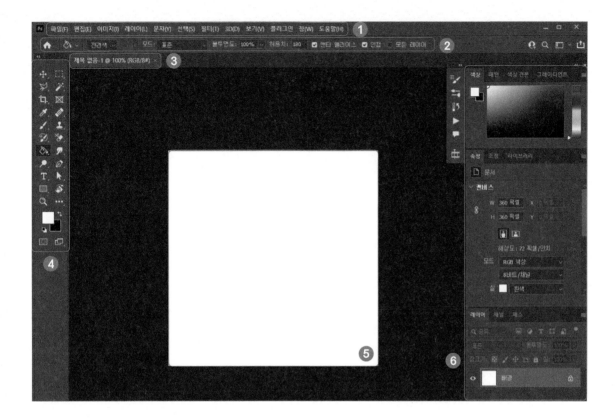

하면 된다! ▶ 포토샵에서 배경색 넣기

이모티콘은 배경색이 밝아야 잘 보이기 때문에 우선 흰색 배경으로 작업
하는 것을 추천합니다.

투명 배경의 이모티콘 스케치

흰색 배경의 이모티콘 스케치

그 대신 이모티콘을 채색할 때는 채팅 창 배경색에 캐릭터가 묻히지 않도
록 색상을 넣어 확인해야 해요.

흰색 배경의 이모티콘

카카오톡 기본 배경의 이모티콘

본격적으로 이모티콘을 만들기 전에 배경색을 넣는 방법을 알아보겠습니다.

1. 화면 오른쪽 아래에 레이어 패널이 보이나요?
사이툴에 있는 레이어가 포토샵에도 있답니다. ❶을 눌러 ❷ 새 레이어
를 만들어 보세요.

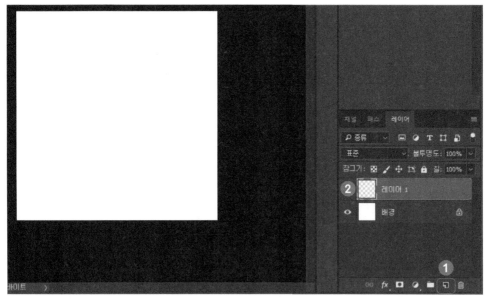

💬 레이어 패널이 보이지 않는다면 메뉴 바에서 [창(W) → 레이어]를 누르거나 F7 을 눌러 열어 주세요.

2. ① [레이어 1] 문자를 더블클릭하면 레이어 이름을 바꿀 수 있도록 선택됩니다. ② 이름을 '배경색'으로 바꾸고 Enter 를 눌러 주세요.

3. 이제 배경에 사용할 색상을 지정해 볼까요? 툴 패널에서 ① [페인트 통 도구]를 눌러 준 뒤 ② [전경색 설정]을 클릭해 보세요.

4. 색상을 선택할 수 있는 [색상 피커] 창이 나타납니다. 카카오톡 배경 색상인 ❶ [#a0c0d7]을 입력하고 ❷ [확인] 버튼을 누르세요.

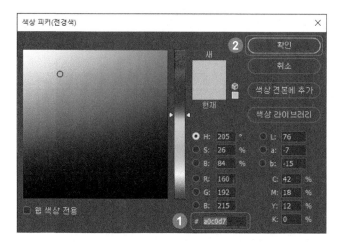

5. 캔버스를 클릭하면 배경색이 채워집니다.

지금부터 본격적으로 포토샵 작업이 시작됩니다.

포토샵에는 다양한 기능이 있기 때문에 이모티콘을 그리는 방법도 여러 가지입니다. 많은 방법 중에 어떤 것을 택하는 게 좋을지 고민된다면 걱정하지 마세요!

작업 난이도, 태블릿 유무, 선택한 이모티콘의 형식에 따라 추천하는 작업 방식을 나눠 놓았으니 자신의 상황에 맞는 방법을 선택해 보세요.

05-3
손 그림으로 이모티콘 만들기

컴퓨터를 이용해 캐릭터를 그리는 작업이 익숙하지 않나요?
종이에 손 그림을 그린 후 스캔해서 포토샵에서 보정해도 이모티콘을 만들 수 있답니다!
열어 두었던 포토샵은 잠시 그대로 두고 깨끗한 하얀 종이를 가져오세요.
포토샵으로 이모티콘을 만드는 가장 쉬운 방법을 소개합니다!

- 난이도 ★☆☆☆☆
- 태블릿 없어도 OK!
- 멈춰 있는 이모티콘 가능
- 움직이는 이모티콘 불가능

하면 된다! ┠ 손 그림 그리기

먼저 연필로 스케치해 볼까요?
처음부터 진한 연필을 쓰면 수정할 때 자국이 남으니 연한 연필이나 샤프로 낙서하듯 가볍게 그려 주세요.

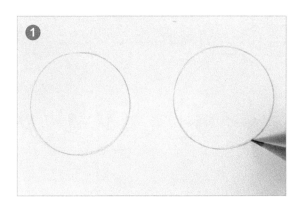
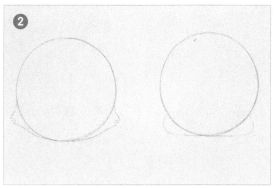

❶ 먼저 연하게 원을 그립니다. 선은 한 번에 완벽하게 그리려고 하기보단 연하게 여러 번 겹쳐 그리는 것이 좋습니다.
❷ 원 위에 선을 추가해 캐릭터의 얼굴 형태를 잡아 줍니다.

💬 캐릭터를 구상하기 전이라면 먼저 동그라미, 세모, 네모 등 도형을 다양하게 그려 보고 그 위에 추가 내용을 덧그리는 것도 좋습니다.

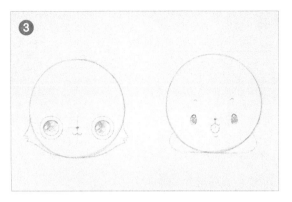 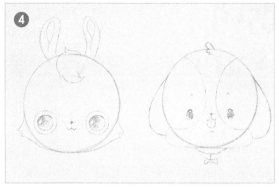

❸ 눈, 코, 입을 그려 줍니다. 이 과정에서 캐릭터의 표정과 이미지가 결정되기 때문에 여러 가지 버전으로 다양하게 그려 보는 것을 추천합니다. 정중앙에 코 위치를 중심으로 십자선을 그리면 눈, 코, 입의 간격을 맞추기 쉽습니다.

💬 캐릭터를 그리는 자세한 방법은 02장을 참고하세요.

❹ 캐릭터의 성격과 특징을 생각하며 구체적으로 꾸며 줍니다. 저는 토끼와 강아지 비글 캐릭터를 만들고 싶어서 귀와 얼룩무늬 등 동물의 특징을 잡아 그렸습니다.

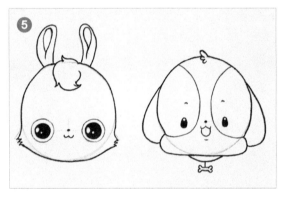 

❺ 러프 스케치 가운데 마음에 드는 캐릭터가 나왔다면 잘 번지지 않는 검은색 펜으로 선을 그립니다.

💬 나중에 포토샵에서 보정할 그림이므로 펜 선을 그리다가 실수해도 괜찮습니다. 만약 틀렸다면 수정액으로 지워 주세요.

❻ 지우개로 연필 잔 선을 깨끗하게 지웁니다.

❼ 완성한 캐릭터를 핸드폰으로 사진을 찍거나 스캔 앱으로 스캔합니다.

❽ 이미지 파일을 컴퓨터로 옮깁니다.

💬 스캔 앱으로는 캠스캐너(CamScanner) 앱을 추천합니다. 91쪽을 참고하세요.

하면 된다! ｝ 포토샵에서 손 그림 보정하기

손 그림을 깔끔하게 그렸어도 선은 완전히 검은색으로, 바탕은 완전히 흰색으로 보정해야 해요. 포토샵에서 이 작업을 할 수 있습니다.

💬 스캔 앱으로 이미 깔끔하게 보정을 했다면 이 과정은 건너뛰어도 좋아요.

1. 포토샵을 실행하고 ❶ [파일 → 열기]를 눌러 ❷ 앞에서 스캔한 이미지 파일을 불러옵니다.

💬 이미지 파일의 가로 세로 크기는 아직 신경 쓰지 않아도 됩니다. 이미지를 보정한 후에 새 파일을 만들어서 옮길 거니까요.

💬 파일 열기 단축키: Ctrl + O

2. 포토샵의 보정 기능을 이용해 검은색과 흰색으로 분리할 차례입니다.

❶ [이미지 → 조정 → 레벨]을 눌러 [레벨] 창을 여세요.

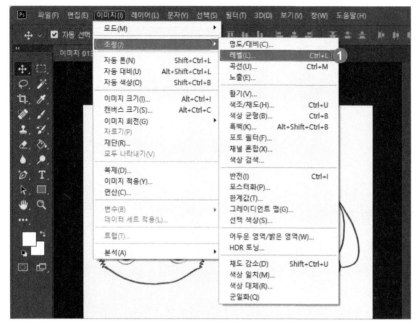

☑ 레벨 단축키: Ctrl + L

3. ❶ 삼각형의 위치를 조절하거나 ❷ [대비 증가 3]으로 바꿔 줍니다. ❸ [미리 보기]에 체크 표시해 주면 이미지가 보정된 모습을 바로 확인할 수 있습니다.

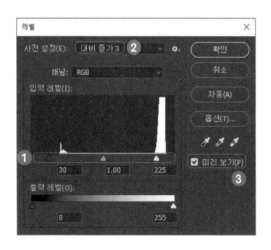

4. 이미지를 보정했으니 여러 그림 중에서 이모티콘으로 만들 그림을 선택하겠습니다.

❶ [사각형 선택 윤곽 도구▦]를 클릭한 뒤 이모티콘으로 만들고 싶은 캐릭터를 ❷ 드래그해 고르세요. 그림 전체가 선택 영역 안에 들어갔다면 ❸ Ctrl + C 를 눌러 복사합니다.

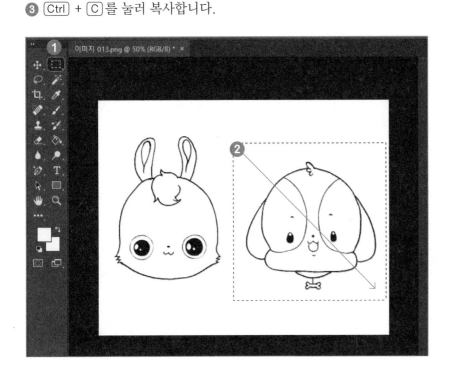

하면 된다! ⟩ 포토샵에서 이모티콘으로 완성하기

제작 가이드에 맞춘 새 파일을 만들어 앞에서 복사한 그림을 넣을 거예요.

1. ❶ [파일 → 새로 만들기]를 누르고 ❷를 설정해 준 뒤 ❸ [제작]을 눌러 줍니다.

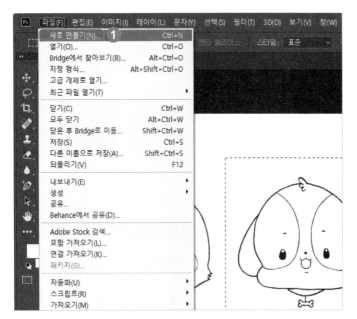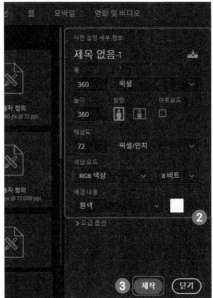

단위를 [픽셀]로 지정하고 제작 가이드에 맞게 설정을 바꾸세요.

2. Ctrl + V를 누르면 앞에서 복사한 그림이 파일로 들어옵니다.

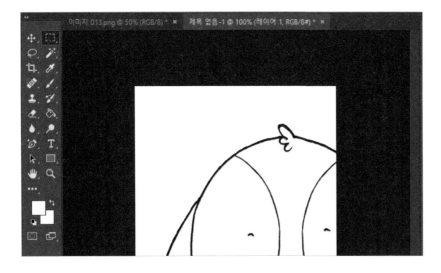

3. 그림이 캔버스 크기를 벗어났나요? [Ctrl] + [T]를 눌러 보세요. 그림의 외곽선이 나타나면 ❶ 조절점을 드래그해 ❷ 크기를 조절하세요.

💬 그림이 너무 커서 조절점이 화면에 보이지 않는다면 [Ctrl] + [−]를 눌러 캔버스를 축소한 뒤 조절점을 찾아 그림을 조절해 주세요.
캔버스를 다시 확대하고 싶다면 [Ctrl] + [+]를 누릅니다.

💬 같은 비율로 확대/축소
• CC 2019 버전: 그냥 드래그
• CC 2019 이전 버전: [Shift] 누른 채 드래그

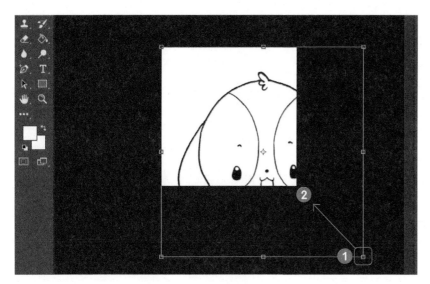

4. 알맞은 크기로 축소되었다면 [Enter]를 눌러 크기를 확정해 줍니다.

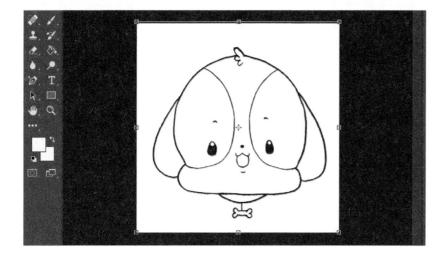

5. 이모티콘의 배경은 투명해야 하니 배경을 지우겠습니다.
일단 **❶** 눈 아이콘을 클릭해 [배경] 레이어를 숨깁니다. **❷** [자동 선택 도
구🪄]를 선택하고 캐릭터를 제외한 **❸** 배경을 클릭해 영역을 선택하세요.

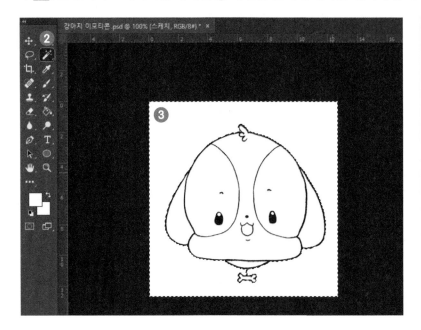

6. 영역이 잘 선택되었다면 `Ctrl` + `X`를 눌러 배경을 삭제합니다.

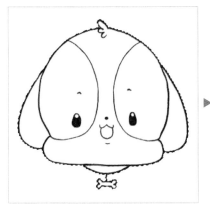 ▶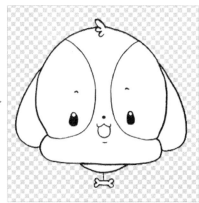

💬 `Delete`로 지웠다면 선택 해제하기 위해 `Ctrl` + `D`까지 눌러 주세요.

7. 구별하기 쉽도록 **①**을 더블클릭해 레이어 이름을 '스케치'로 바꾸세 요. 그리고 **②**를 눌러 **③** [곱하기] 효과를 넣어 줍니다.

💬 영문 버전에서는 [Multiply]를 선 택해 주세요.

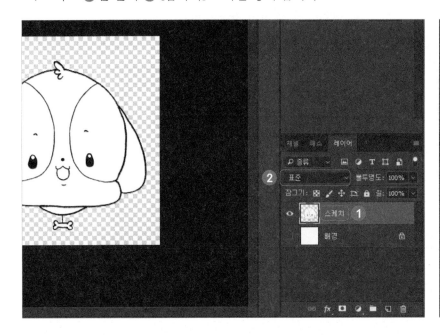
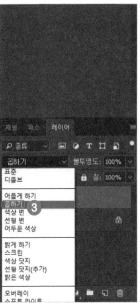

[곱하기]는 색상을 섞고 변화를 주는 블렌딩 모드 중 하나입니다. 그림을 투명하게 만들어 손 그림의 윤곽선을 그대로 살려 주기 때문에 스 캔한 손 그림에 채색할 때 많이 쓰입니다. 채색을 대충 하더라도 [곱하기] 를 누르면 선의 윤곽선을 보여 주기 때문에 깔끔해집니다.

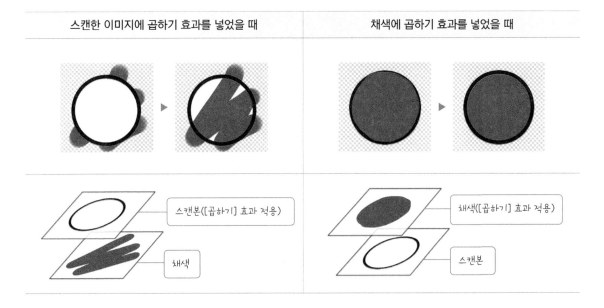

8. 스케치 작업을 마쳤습니다! 이제 채색할 차례인데요. 포토샵에서는 모든 작업 단위마다 레이어를 만들어서 합니다. ❶을 눌러 [레이어 1]을 만든 뒤 ❷ [스케치] 레이어 아래로 드래그해 내리고 ❸ 레이어 이름을 더블 클릭해 '채색'으로 바꿔 줍니다.

9. 사이툴에서 채색했던 과정 기억하나요? 영역 선택은 [스케치] 레이어에서, 색칠 작업은 그 아래 [채색] 레이어에서 했지요. 포토샵에서도 마찬가지입니다.

먼저 영역을 선택하기 위해 ❶ [스케치] 레이어를 클릭하세요. ❷ [자동 선택 도구 ]를 클릭하고 ❸ 채색하고 싶은 부분을 클릭해 선택 영역을 지정합니다.

🖃 사이툴에서 채색은 115쪽을 참고하세요.

💬 선택 영역 추가: [Shift] + 클릭
선택 영역 해제: [Alt] + 클릭

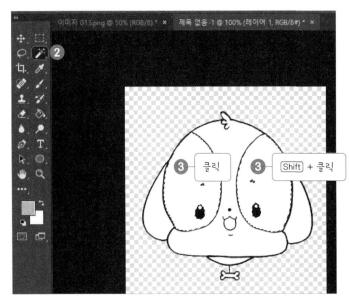

선택된 영역은 경계가 점선으로 나타납니다.

10. 채색은 다시 [채색] 레이어에서 해야겠지요? ❶ [채색] 레이어를 클릭한 뒤 ❷ [페인트 통 도구 ]를 클릭하고 ❸ [전경색 설정]을 클릭합니다.

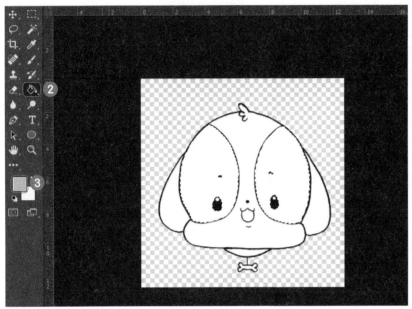

💬 [페인트 통 도구 ] 아이콘이 보이지 않나요? [그레이디언트 도구 ■]를 마우스 오른쪽 버튼으로 클릭하면 도구 목록이 나타납니다.

11. [색상 피커] 창에서 ❶ 원하는 색상을 선택한 뒤 ❷ [확인] 버튼을 누르고 ❸ 선택 영역을 클릭하면 색이 채워집니다.

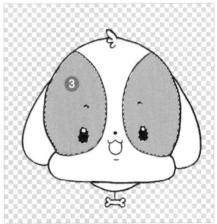

색이 칠해지면 Ctrl + D를 눌러 선택을 해제해 주세요.

12. 같은 방법으로 캐릭터 전체에 색을 칠해 주세요.

13. 채색을 마쳤나요? 빈 곳이 없는지 세밀하게 확인하기 위해 ❶ [돋보기 도구 🔍]를 누르고 ❷ 화면을 클릭하거나 Ctrl + + 를 누르세요. 화면이 확대됩니다.

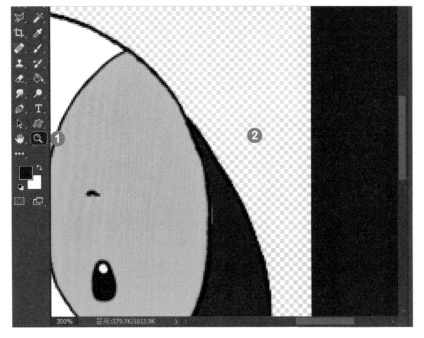

🔲 돋보기 도구를 선택한 뒤 옵션 바에서 🔍 아이콘을 누르면 확대, 🔍 아이콘을 누르면 축소할 수 있습니다.

14. 빈 곳이 없는지 찾아보고 세밀하게 칠해야 하는 부분은 ❶ [브러시 도구 ✎]를 이용해 ❷ 메워 줍니다.

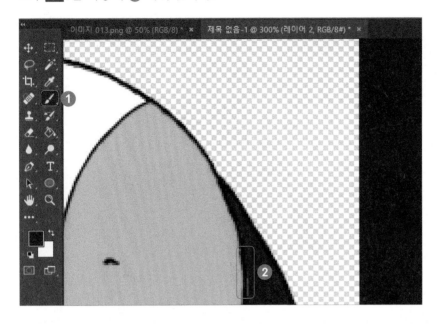

15. 채색이 완성되었다면 ❶ [파일 → 내보내기 → 웹용으로 저장]을 눌러 줍니다.

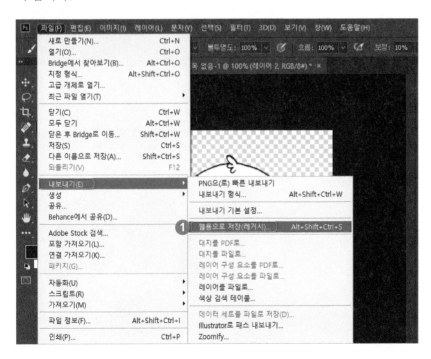

☞ 웹용으로 저장 단축키:
Alt + Shift + Ctrl + S

16. 파일 형식을 ❶ [PNG-24]로 바꿔 준 뒤 ❷에서 이미지 가로 세로 크기가 제작 가이드에 맞는지 최종 확인하고 ❸ [저장]을 누릅니다.

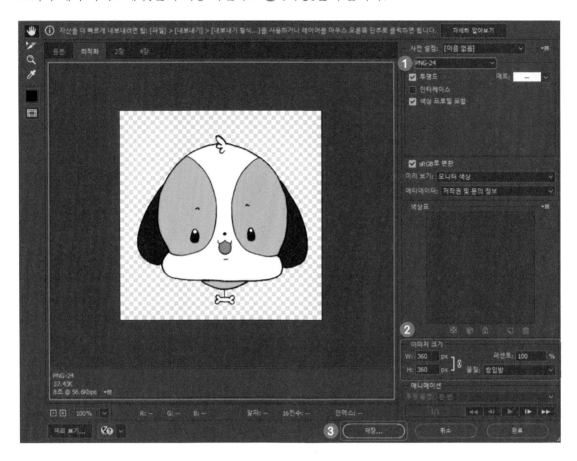

17. ❶ 파일 저장 위치를 설정하고 ❷ 파일 이름을 입력한 뒤 ❸ [저장]을 눌러 주면 이모티콘 파일이 완성됩니다.

Adobe 웹용으로 저장 경고

⚠️ 저장될 파일 이름 중 일부에 비라틴 문자가 들어 있습니다. 이러한 파일 이름은 일부 웹 브라우저나 서버와 호환되지 않습니다.

☐ 다시 표시 안함   확인   취소

파일 이름이나 파일이 저장되는 경로에 한글을 사용하면 경고 창이 뜹니다. 그대로 [확인]을 눌러도 큰 문제는 생기지 않지만 걱정된다면 ❶ 저장 위치(저장하는 폴더 이름)와 ❷ 파일 이름을 영어로 바꿔 주세요.

하면 된다! } PSD 파일 저장하기

PSD 파일이란 포토샵에서 다루는 레이어, 채널, 패스 등을 모두 저장할 수 있는 포토샵 전용 파일입니다. PSD 파일로 저장하면 언제든지 지금까지 작업한 상태 그대로 불러와 수정할 수 있습니다. 잊지 말고 꼭 저장해 주세요.

1. ❶ [파일 → 다른 이름으로 저장]을 누르세요.
❷ 파일 이름을 입력하고 파일 형식이 ❸ [Photoshop(*PSD,*PDD, *PSDT)]으로 되어 있는지 확인한 뒤 ❹ [저장]을 눌러 줍니다.

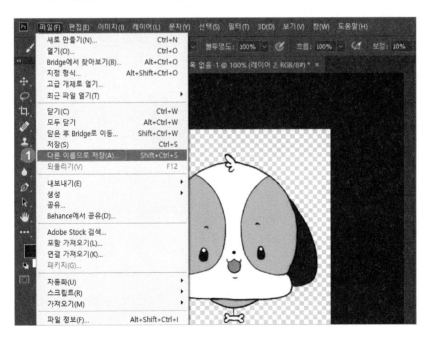

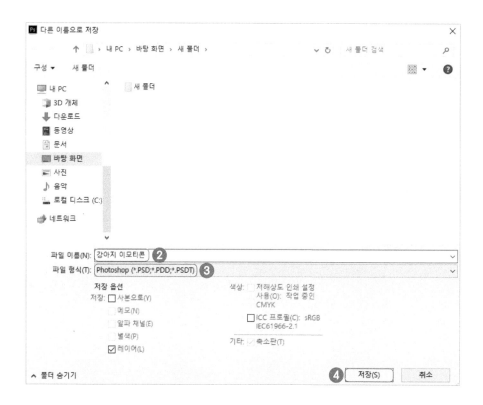

2. 혹시 경고 창이 뜨나요? 다른 응용 프로그램이나 다른 버전의 포토샵
에서 이 파일을 열 때 충돌하지 않도록 ❶ [호환성 최대화]에 체크 표시하
고 ❷ [확인] 버튼을 눌러 주면 PSD 파일이 생성됩니다.

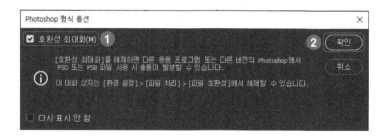

강아지 이모티콘

05-4

펜 도구로 이모티콘 만들기

태블릿 없이 포토샵에서 이모티콘을 만드는 두 번째 방법!
마우스만으로 디지털 드로잉을 하는 거예요. 손 그림을 보정해서 만들 때
는 포토샵에서 선을 수정할 수 없었지요? 여기서 배울 펜 도구로 그리면
포토샵에서도 선을 수정할 수 있답니다.

본격적으로 펜 도구로 이모티콘을 만들기 전에 기본기부터 연습해 볼게
요. 이미 펜 도구를 쓸 수 있다면 바로 162쪽으로 넘어가 이모티콘을 만
들어도 좋아요.

- 난이도 ★★☆☆☆
- 태블릿 없어도 OK!
- 멈춰 있는 이모티콘 가능
- 움직이는 이모티콘 불가능

💬 포토샵은 기본적으로 비트맵 방식
의 프로그램이지만, 펜 도구를 이용하
면 벡터를 기반으로 한 드로잉을 할
수 있답니다.

펜 도구 구경하기

펜 도구는 툴 패널에 펜 모양의 아이콘으로 들어가 있어요.
[펜 도구 ✒️]에 마우스 포인터를 가져간 뒤 마우스 오른쪽 버튼을 누르면
여러 도구들이 나타납니다. 어떤 도구들이 있는지 가볍게 보고 넘어가세요.

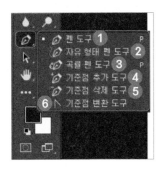
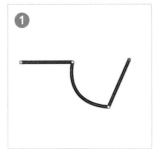

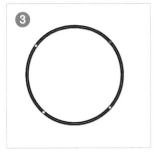

❶ **펜 도구 ✒️**: 가장 기본적인 도구예요. 각 기준점을 클릭하면 직
선이, 드래그하면 곡선이 그려집니다.

❷ **자유 형태 펜 도구 ✒️**: 클릭한 채로 마우스를 자유롭게 움직이
면 마우스 포인터가 움직이는 대로 선이 그려집니다. 마치 연필로 그
리는 것처럼요!

❸ **곡률 펜 도구 ✒️**: 곡선을 쉽게 그릴 수 있습니다.

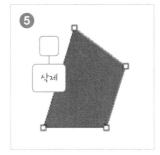

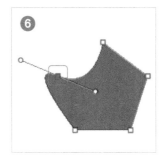

④ **기준점 추가 도구** ✏: 선에 기준점을 추가합니다.

⑤ **기준점 삭제 도구** ✏: 선의 기준점을 삭제합니다.

⑥ **기준점 변환 도구** �: 선을 이루는 기준점의 속성을 변경해 직선은 곡선으로, 곡선은 직선으로 바꿉니다.

펜 도구로 선 그리기 연습

이번에는 실제로 펜 도구를 사용해 선을 그려 볼게요!

방법은 간단해요. 원하는 도구의 아이콘을 클릭하고 캔버스에서 클릭하거나 드래그하면 됩니다.

단, 선만 그릴 부분은 열린 선으로 그려도 되지만, 채색할 부분은 시작점과 끝점이 일치하는 닫힌 선으로 그려야 합니다.

① **열린 선**: 시작점과 끝점이 일치하지 않음

② **닫힌 선**: 시작점과 끝점이 일치함

직선 그리기

[펜 도구 ✐]를 클릭하세요. 빈 캔버스에서 ❶ 시작점을 클릭하고 다음 기준점인 ❷를 클릭하면 선이 그려집니다. ❸ 선을 계속 이어 준 뒤 ❹ 시작점을 다시 클릭하면 빈틈없는 선 그리기가 완성됩니다.

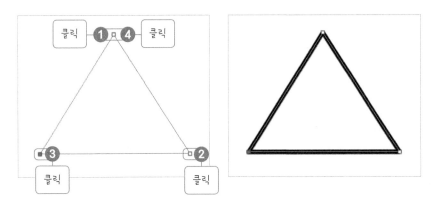

수직선, 수평선, 45° 직선 그리기

[펜 도구 ✐]를 클릭한 후 ❶ 시작점을 클릭하고 Shift를 누른 상태로 ❷를 클릭하면 **수평선**이 그려집니다. 같은 방식으로 Shift를 누른 상태로 아래쪽 ❸을 클릭하면 **수직선**이 그려집니다. 다시 Shift를 누른 상태로 사선 방향의 ❹를 클릭하면 **45°로 선**이 그려집니다. 이 상태로 그리기를 **종료**하고 싶다면 ❺ Ctrl 을 누른 상태에서 아무 곳이나 클릭하세요.

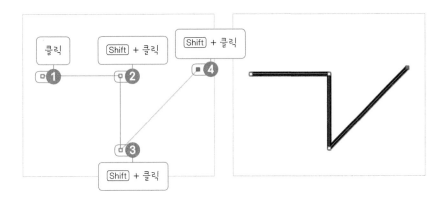

이렇게 Shift를 누른 상태로 클릭하면 지점이 완벽히 90°, 45°가 아니라도 정확한 각도로 선이 그려집니다.

곡선 그리기

[펜 도구 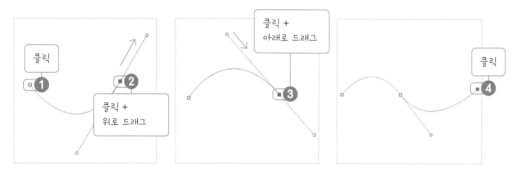]를 클릭한 후 ❶ 시작점을 클릭하고 ❷를 클릭하는 동시에
위쪽으로 드래그하면 아래가 볼록한 곡선이 그려집니다.

반대로 ❶ 시작점을 클릭하고 ❸을 클릭하는 동시에 아래쪽으로 드래그
하면 위로 볼록한 곡선이 만들어집니다. 곡선을 그린 상태에서 ❹를 클릭
하면 앞서 그렸던 곡선의 영향을 받아 S자 곡선이 그려집니다.

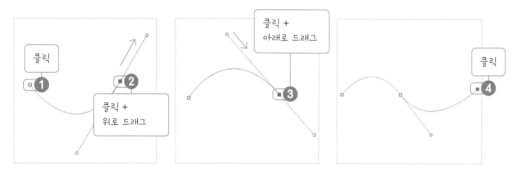

곡선과 직선 함께 그리기

곡선을 그린 후 이어서 직선을 그리고 싶다면 어떻게 해야 할까요?

Alt 를 누른 상태에서 곡선 끝 마지막 ❶ 기준점을 클릭하면 방향선 한쪽
이 사라집니다. 그 상태에서 ❷를 누르면 앞서 그린 곡선의 영향을 받지
않은 상태로 직선을 그릴 수 있습니다. 직선에 이어서 다음 ❸ 기준점을
클릭하는 동시에 원하는 방향으로 드래그하면 곡선도 이어서 그릴 수 있
습니다.

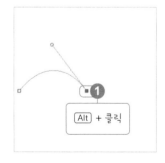
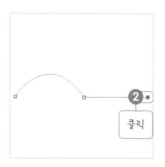
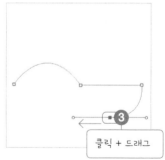

선 수정하기

선을 수정하고 싶을 때는 **①** [패스 선택 도구]와 **②** [직접 선택 도구]를 사용합니다.

💬 툴 패널에서 아이콘을 마우스 오른쪽 버튼으로 누르면 숨어 있는 도구들이 나타납니다.

전체를 선택 — 패스 선택 도구

[패스 선택 도구]를 클릭하고 오브젝트에서 선 하나만 클릭해도 오브젝트 전체가 선택됩니다.

[패스 선택 도구]를 클릭하고 드래그하면 드래그한 영역 안의 모든 선을 전부 선택할 수 있습니다. 선을 **이동, 복사, 삭제**할 때 사용하면 편리합니다.

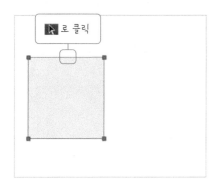
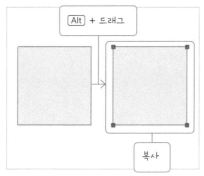

💬 [패스 선택 도구]로 선택하고 Alt 를 누른 채 드래그하면 선이 복사됩니다.

선의 일부분만 선택 — 직접 선택 도구

[직접 선택 도구]로는 선을 그릴 때 클릭했던 기준점들을 수정할 수 있습니다.

[직접 선택 도구]를 클릭하고 선을 선택한 후, 기준점을 드래그하면 자유롭게 선을 수정할 수 있습니다. **정교하게 선을 수정**할 때 사용하면 유용합니다.

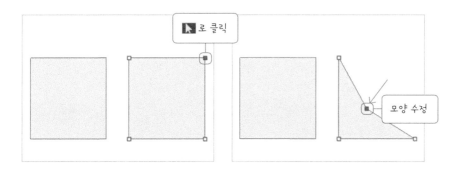

하면 된다! 〉 펜 도구로 이모티콘 선 그리기

펜 도구의 기본기를 연습했으니, 이제 이모티콘을 만들 차례입니다!

1. 포토샵을 실행하고 제작 가이드에 맞는 새 파일을 만듭니다.
❶ [새 파일]을 누르고 ❷에서 설정해 준 뒤 ❸ [제작]을 눌러 줍니다.

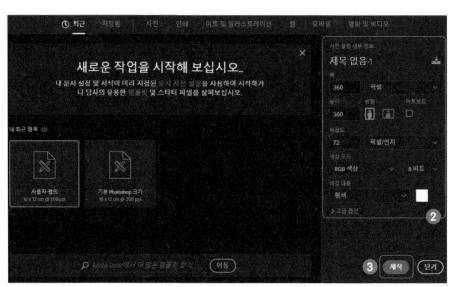

2. ❶ [파일 → 포함 가져오기]를 누른 뒤 ❷ 스캔한 이미지 파일을 찾아 ❸ [가져오기]를 눌러 줍니다.

🖳 태블릿이 있다면 포토샵에서 스케치해도 됩니다.

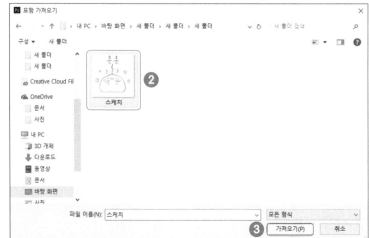

3. 선택한 파일이 캔버스 안에 들어오면 **①**을 드래그해 이미지 크기를 적당히 조절하고 **②** (Enter)를 눌러 줍니다.

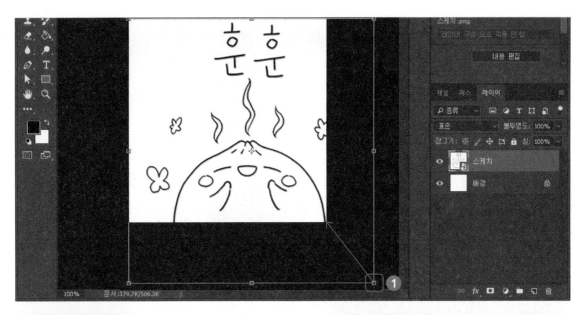

4. 스캔한 이미지를 바탕으로 선을 새로 그릴 거예요. ① [스케치] 레이어
를 선택한 뒤 ② 불투명도 수치를 작게 낮춰 줍니다. ③ 스캔한 이미지가
흐릿해졌지요?

5. 이제 앞에서 연습한 펜 도구를 사용할 차례입니다.
① [펜 도구 ✏️]를 클릭하고 옵션 바에서 ② [패스]로 지정되어 있는지
확인합니다.

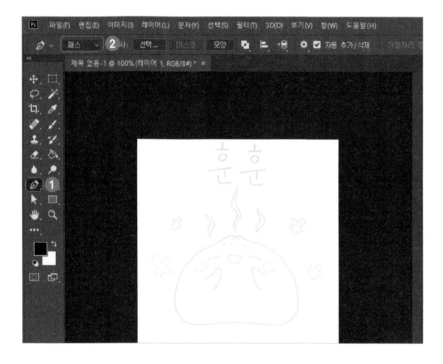

6. 그림의 외곽선을 클릭해 시작점을 만들고 계속 클릭하거나 드래그하면서 선을 그립니다.

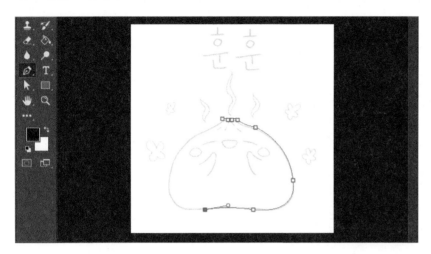

🖵 화면 확대/축소:
　　Alt 누른 채 마우스 휠 위아래로
　　굴리기

🖵 곡선 방향 바꾸기:
　　Alt 누른 채 기준점 클릭해 방향
　　선 제거 후 다시 그리기

🖵 그리기 취소:
　　Backspace 누르기

7. 닫힌 선을 그렸나요? ❶을 누르거나 Ctrl 을 누른 채 아무 곳이나 클릭하면 선 그리기가 완료됩니다. 나머지 선들도 [펜 도구 🖊]로 그리세요.

🖵 스케치와 똑같이 선을 따려고 노력하기보단 큰 형태만 그려 준다는 느낌으로 선을 그리세요. 그리고 세밀한 부분은 [직접 선택 도구🖎]로 기준점을 클릭해 옮겨 주면서 수정하면 작업 시간을 줄일 수 있습니다.

🖵 머리와 몸통이 합쳐진 캐릭터일 경우, 머리 뒤에 숨어 있는 몸통도 넉넉하게 닫힌 선으로 그리세요!

하면 된다! 〉 브러시로 선 꾸미기

선을 그리긴 했는데 두께가 없는 가는 선이네요.
[브러시 도구 ✏]를 이용해 손 그림 느낌이 나는 선으로 바꿔 보겠습니다.

1. 우선 새로운 작업을 해야 하니 ❶을 눌러 새 레이어를 만들고 ❷ 이름
을 '펜선'으로 변경해 주세요.

2. ❶ [브러시 도구 ✏]를 클릭하고 옵션 바에서 ❷ [브러시 설정] 옆 화
살표를 눌러 원하는 대로 설정하세요.
브러시의 크기, 종류 등 세부 설정을 할 수 있어요. 깔끔한 느낌을 원한다
면 끝 선이 똑 떨어지는 브러시를 선택하고, 크레파스 같은 질감을 원한
다면 바깥쪽이 뿌연 브러시를 선택하세요.

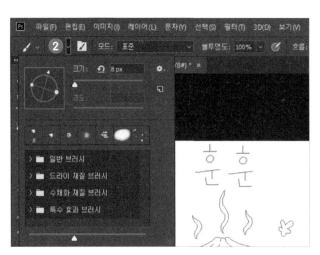

💬 [브러시 설정]을 누르면 브러시의
세부 설정을 변경할 수 있습니다.

3. ① [전경색 설정]에서 색상을 선택합니다. 빈 캔버스를 열어서 ② 그려 보면서 원하는 브러시를 미리 골라 주세요.

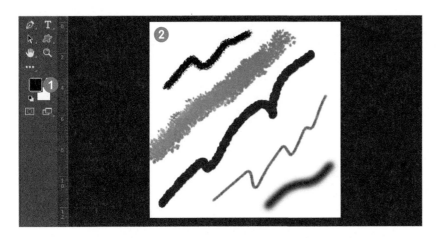

4. 브러시 설정을 마쳤으니 이모티콘에 브러시를 적용해 볼까요?
① [패스 선택 도구 ▶]를 클릭하고 ② 캔버스를 드래그해 선 전체를 선택합니다.

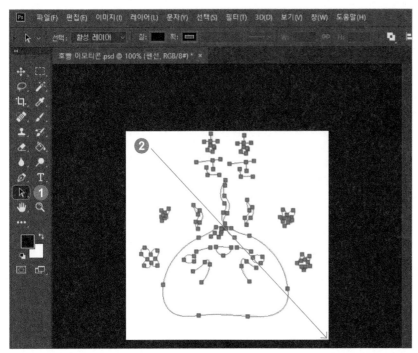

선택된 선은 파란색으로 표시됩니다.

5. 그 상태에서 마우스 오른쪽 버튼을 누르고 ❶ [패스 획]을 누르세요. [패스 획] 창이 뜨면 도구를 ❷ [브러시]로 선택하고 ❸ [확인]을 누르세요.

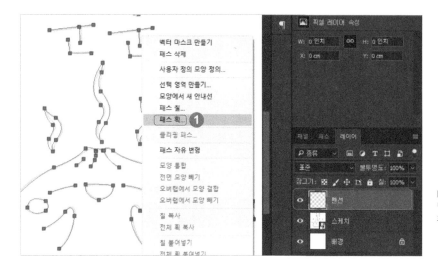

💬 ❶ [패스 획]이 활성화되지 않는다면 [펜선] 레이어가 선택되어 있는지 확인해 주세요.

6. 앞에서 설정한 브러시로 [펜선] 레이어에 이모티콘 외곽선이 그려졌습니다.

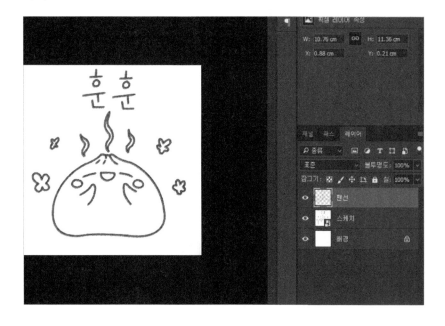

하면 된다! 〉 채색하고 완성하기

선을 그렸으니 이제 알록달록한 색상으로 예쁘게 채색해 볼까요?
카카오톡 등 플랫폼의 기본 배경 화면을 고려해 색상을 선택하면 좋습니다.

💬 카카오톡 배경색으로 설정하는 방법은 138~140쪽에 나와 있습니다.

1. 우선 채색할 레이어를 만들어야 해요. ❶을 눌러 새 레이어를 만든 뒤
❷ 이름을 '채색'으로 바꿔 주세요. 그리고 ❸ [펜선] 레이어 아래로 드래
그해 순서를 바꾸세요.

면 색보다 선 색이 위에 있어야 하므로 레이어 순서를 바꾼 거예요.

| 선 색이 위로 올라올 경우 | 선 색 / 면 색 | | OK! 외곽선이 확실하게 보이기 때문에 캐릭터를 제대로 인식할 수 있습니다. |
| 면 색이 위로 올라올 경우 | 면 색 / 선 색 | | NO! 닫힌 선이 면 색에 가려져 얇게 보이고 열린 선은 면 색에 묻혀 보이지 않습니다. |

2. 레이어가 준비되었으니 채색할 색상을 설정해야겠죠?

❶ [패스 선택 도구 ▶]를 클릭한 뒤 ❷ [전경색 설정]에서 색상을 선택
합니다.

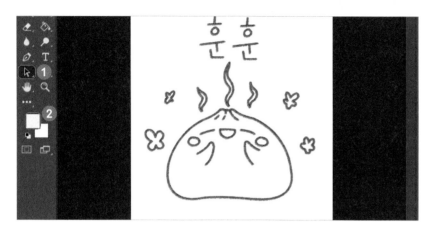

3. ❶ 채색하고 싶은 선을 선택하고 마우스 오른쪽 버튼을 눌러 ❷ [서브
패스 칠]을 클릭합니다.

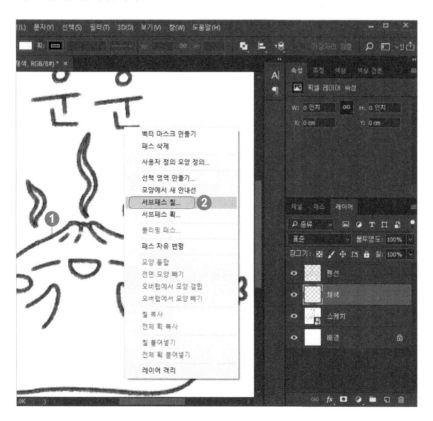

4. [서브패스 칠] 창이 뜨면 ❶ [전경색]으로 선택하고 ❷ [확인]을 누르면 ❸ 색이 채워집니다.

5. 나머지도 같은 방식으로 채색합니다.

6. 채색을 모두 마쳤나요? 그럼 필요 없는 것들을 지울게요.
❶ [패스 선택 도구 ▶]를 선택하고 ❷ 전체를 드래그해 선택하세요. ❸ 키보드에서 (Backspace)를 누르면 가늘게 남아 있던 펜 선이 모두 지워집니다.

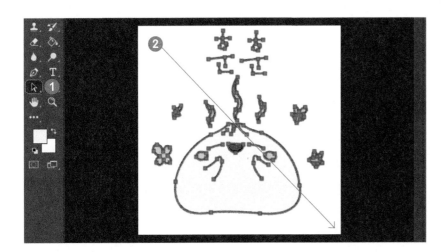

7. [스케치] 레이어와 [배경] 레이어도 ❶ 휴지통으로 드래그해 삭제해 주세요.

8. 완성되었다면 ❶ [파일 → 내보내기 → 웹용으로 저장]을 눌러 줍니다.

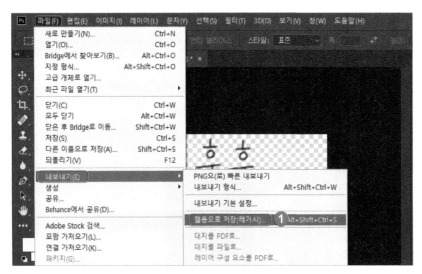

💬 웹용으로 저장 단축키:
⟨Alt⟩ + ⟨Shift⟩ + ⟨Ctrl⟩ + ⟨S⟩

9. 설정을 ❶ [PNG-24]로 바꾼 뒤 마지막으로 ❷에서 이미지 크기를 확 인하고 ❸ [저장]을 눌러 줍니다.

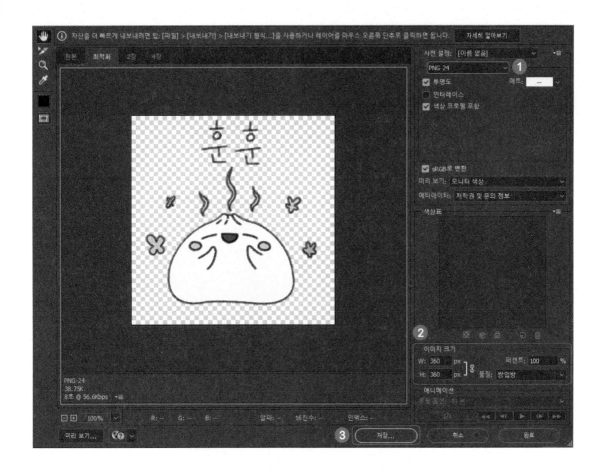

10. ❶ 파일 저장 위치를 설정하고 ❷ 파일 이름을 입력한 뒤 ❸ [저장]을
눌러 주면 이모티콘 파일이 완성됩니다.

파일 이름이나 파일이 저장되는 경로에 한글을 사용하면 경고 창이
뜹니다. 그대로 [확인]을 눌러도 큰 문제는 생기지 않지만 걱정된다
면 ❶ 저장 위치(저장하는 폴더 이름)와 ❷ 파일 이름을 영어로 바
꿔 주세요.

하면 된다! ⟩ PSD 파일 저장하기

PSD 파일로 저장하면 언제든지 지금까지 작업한 상태 그대로 불러와 수
정할 수 있습니다. 잊지 말고 꼭 PSD 파일로 저장해 주세요.

1. ❶ [파일 → 다른 이름으로 저장]을 누르세요.
❷ 파일 이름을 입력하고 파일 형식이 ❸ [Photoshop(*PSD,*PDD,*PSDT)]
으로 되어 있는지 확인한 뒤 ❹ [저장]을 눌러 줍니다.

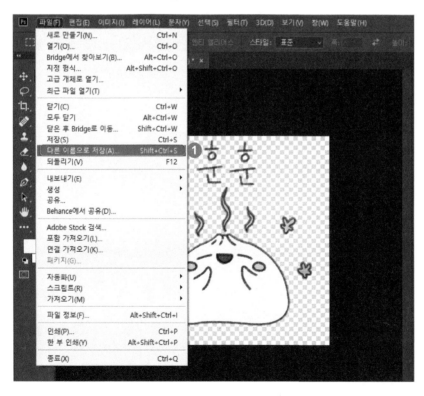

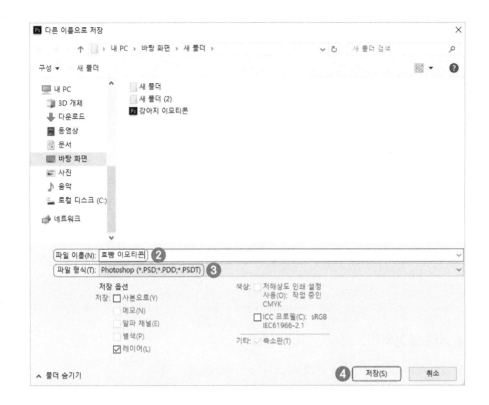

2. 혹시 경고 창이 뜨나요? 다른 응용 프로그램이나 다른 버전의 포토샵
에서 이 파일을 열 때 충돌하지 않도록 ❶ [호환성 최대화]에 체크 표시하
고 ❷ [확인] 버튼을 눌러 주면 PSD 파일이 생성됩니다.

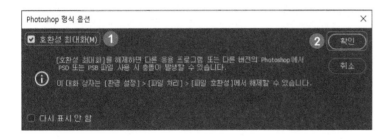

호빵 이모티콘

05-5

브러시 도구로 이모티콘 만들기

이번에는 브러시 기능을 활용해 그림을 그려 보겠습니다.

이 방법은 **태블릿이 있어야** 완성도가 높아집니다. 태블릿은 펜 압력에 따라 브러시 두께와 농도를 자유롭게 조절할 수 있기 때문이죠.

태블릿에 적응만 한다면 실제 종이에 그림을 그릴 때처럼 **빠르게** 작업할 수 있어 여러 장을 그려야 하는 **움직이는 이모티콘도 제작할 수 있습니다.**

태블릿이 있다면 브러시를 이용해 이모티콘을 만들어 보세요.

* 난이도 ★★☆☆☆
* 태블릿 필요!
* 멈춰 있는 이모티콘 가능
* 움직이는 이모티콘 가능

하면 된다! 〉 포토샵 필압 설정하기

태블릿을 연결하면 포토샵에서 태블릿을 알아서 인식합니다. 그런데 포토샵에서 필압이 적용되지 않을 경우가 있어요. 이를 대비해 포토샵에서 필압이 적용되었는지 확인하는 방법을 알려드리겠습니다.

모양 바꾸기

1. ❶ [브러시 도구 🖌]를 클릭하고 ❷를 누르세요.

2. ❸ [모양]을 클릭한 뒤 조절은 ❹ [펜 압력], ❺ 최소 직경은 0%로 되어 있는지 확인합니다.

3. ❻ 양 끝이 날카롭게 바뀌었다면 필압이 적용되었다는 뜻입니다.

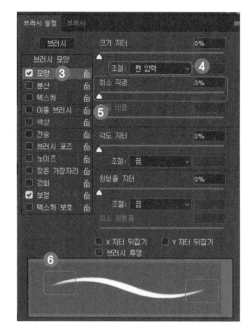

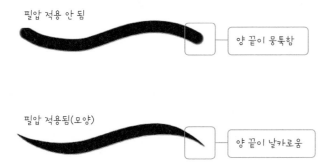

필압 적용 안 됨 — 양 끝이 뭉툭함

필압 적용됨(모양) — 양 끝이 날카로움

농도 바꾸기

1. 펜 압력에 따라 농도를 변화시키고 싶다면 ❶ [전송]을 클릭한 뒤 조절은 ❷ [펜 압력]으로 바꿔 줍니다.

2. 방금 설정한 필압을 적용하려면 ❸과 ❹를 눌러 주세요.

❸을 누르면 압력에 따라 **농도**를, ❹를 누르면 압력에 따라 **크기**를 조절할 수 있습니다. 펜 누르는 세기를 조절해 보면서 선을 그려 보세요.

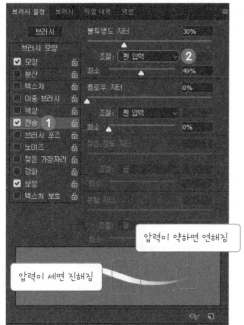

압력이 약하면 연해짐

압력이 세면 진해짐

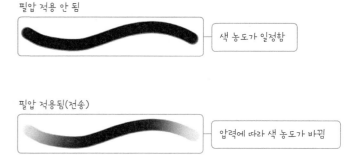

필압 적용 안 됨 — 색 농도가 일정함

필압 적용됨(전송) — 압력에 따라 색 농도가 바뀜

하면 된다! ⟩ 브러시 도구로 이모티콘 그리기

1. 포토샵을 실행하고 제작 가이드에 맞는 새 파일을 만듭니다.

❶ [새 파일]을 누르고 ❷에서 설정해 준 뒤 ❸ [제작]을 클릭합니다.

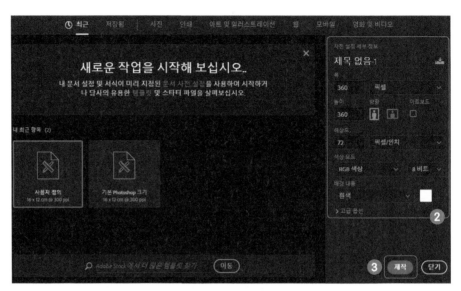

2. 먼저 브러시 도구로 가볍게 스케치부터 할게요.

❶을 눌러 새 레이어를 만들고 ❷ 이름을 '스케치'로 바꾸세요. 그런 다음 ❸ [브러시 도구 ✏️]를 누른 뒤 ❹ [전경색 설정]에서 원하는 색상을 선 택합니다.

💬 앞에서 여러 번 했던 과정이니 조 금 빠르게 진행하겠습니다!

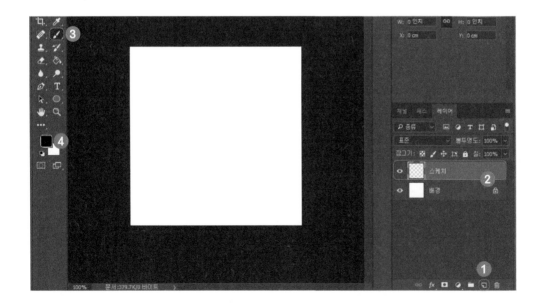

3. 옵션 바에서 ① [브러시 설정] 옆 화살표를 눌러 원하는 크기와 재질의
브러시를 선택하세요. 그리고 캔버스에 ② 스케치해 줍니다.

4. 스케치가 완성되었다면 실제 선으로 그릴 차례에요.
① 을 눌러 새 레이어를 만든 뒤 ② 이름을 '펜선'으로 바꾸세요. 옵션 바
에서 좀 더 두꺼운 브러시를 골라 스케치를 따라 ③ 선을 깔끔하게 그려
줍니다.

5. ① 모두 그렸다면 ② 눈 아이콘을 클릭해 [스케치] 레이어를 숨기세요.

6. 다음은 채색할 차례입니다. 캐릭터를 채색하기 전에 배경색을 넣어 보겠습니다.

① 을 눌러 새 레이어를 만들고 ② 이름을 '배경색'으로 바꾸세요. ③ [배경색] 레이어를 [펜선] 레이어 아래로 드래그해 순서를 바꿉니다.

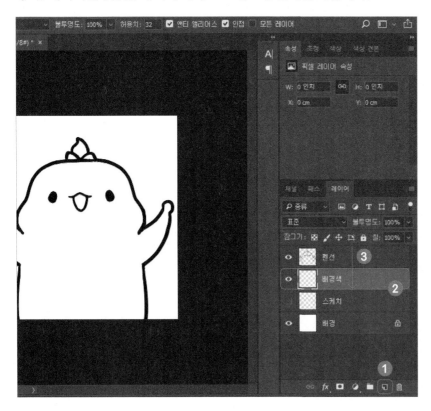

🖾 채팅 창 배경색을 칠하면 이모티콘 안에 채팅 창 배경색과 겹치는 색이 있는지 쉽게 확인할 수 있어 추천합니다.

7. ❶ [페인트 통 도구 ]를 누르고 ❷ [전경색 설정]을 클릭해 ❸ 색상을 [#a0c0d7]로 입력한 뒤 ❹ [확인]을 누릅니다.

8. 캔버스를 클릭해 색상을 채워 줍니다.

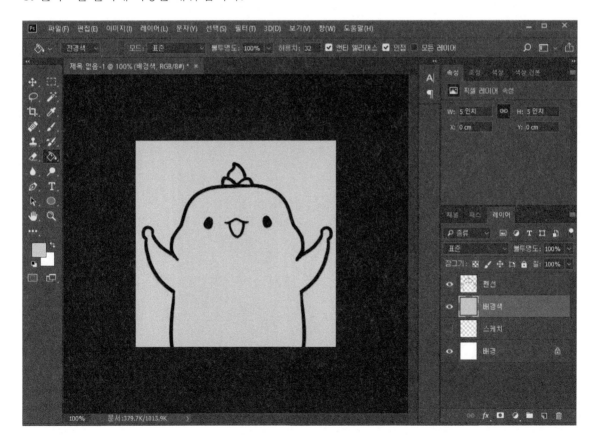

9. 배경까지 플랫폼에 맞게 준비했으니 캐릭터를 채색해 볼까요?
1을 눌러 새 레이어를 만들고 **2** 이름을 '채색'으로 변경한 뒤 **3** [펜선]
레이어 아래로 드래그해 이동합니다.

10. **1** [브러시 도구]를 누르고 **2** [전경색 설정]을 클릭해 원하는 색
상을 선택하세요. **3** 캔버스에 색을 칠해 줍니다. 종이에 색연필로 색을
칠하듯 편하게 칠해 주세요.

처음에는 브러시 크기를 크게 설정
해서 색을 빈틈없이 채워 주고, 선 밖
으로 삐져나온 부분은 크기를 작게 설
정한 [지우개 도구]로 지워 주면 빠
르게 작업할 수 있습니다.

11. ❶ [지우개 도구]를 눌러 ❷ 선에서 벗어난 부분을 깔끔하게 지워 정리합니다.

 [지우개 도구] 크기 조절
  • 크기 키우기: []
  • 크기 줄이기: []

12. 나머지 부분도 같은 방법으로 채색해 주세요.

13. 채색이 끝나면 레이어를 정리할 차례입니다.
이어서 움직이는 이모티콘을 작업하고 싶다면 [펜선]과 [채색] 레이어를
남기고 나머지 레이어는 전부 ❶ 눈 아이콘을 클릭해 숨깁니다.

14. 이모티콘이 완성되었으니 ❶ [파일 → 내보내기 → 웹용으로 저장]을
눌러 줍니다.

💬 웹용으로 저장 단축키:
Alt + Shift + Ctrl + S

15. 설정을 ❶ [PNG-24]로 바꾼 뒤 마지막으로 ❷이미지 크기를 확인
하고 ❸ [저장]을 눌러 줍니다.

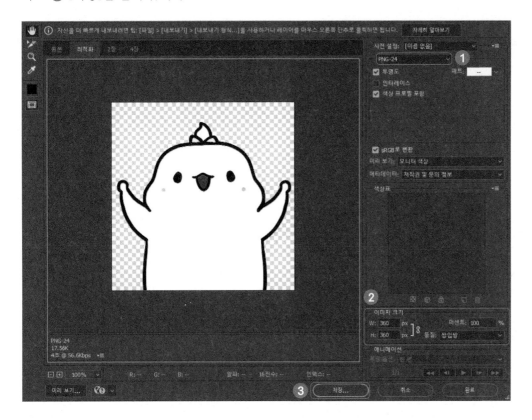

16. ❶ 파일 저장 위치를 설정하고 ❷ 파일 이름을 입력한 뒤 ❸ [저장]을
눌러 주면 이모티콘 파일이 완성됩니다.

Adobe 웹용으로 저장 경고

⚠ 저장될 파일 이름 중 일부에 바람직한 문자가 들어 있습니다. 이러한 파일 이름은 일부 웹 브라우저나 서버와 호환되지 않습니다.

☐ 다시 표시 안함   확인   취소

파일 이름이나 파일이 저장되는 경로에 한글을 사용하면 경고 창이 뜹니다. 그대로 [확인]을 눌러도 큰 문제는 생기지 않지만 걱정된다면 ❶ 저장 위치(저장하는 폴더 이름)와 ❷ 파일 이름을 영어로 바꿔 주세요.

하면 된다! ╏ PSD 파일 저장하기

PSD 파일로 저장하면 언제든지 지금까지 작업한 상태 그대로 불러와 수정할 수 있습니다. 잊지 말고 PSD 파일로 꼭 저장해 주세요.

1. ❶ [파일 → 다른 이름으로 저장]을 누르세요.
❷ 파일 이름을 입력하고 파일 형식이 ❸ [Photoshop(*PSD,*PDD, *PSDT)]
으로 되어 있는지 확인한 뒤 ❹ [저장]을 눌러 줍니다.

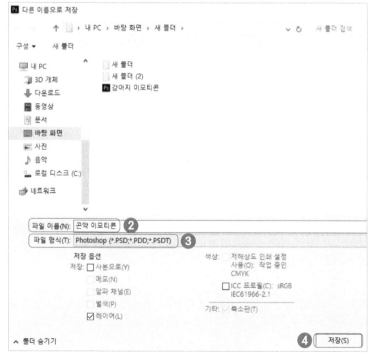

2. 혹시 경고 창이 뜨나요? 다른 응용 프로그램이나 다른 버전의 포토샵에서 이 파일을 열 때 충돌하지 않도록 ① [호환성 최대화]에 체크 표시하고 ② [확인] 버튼을 눌러 주면 PSD 파일이 생성됩니다.

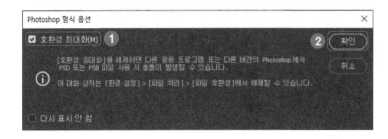

곤약 이모티콘

05-6
이모티콘 멘트에 효과 넣기

지금까지 이모티콘 만들기에서 그림 그리는 데만 집중했다면, 이번엔 문자를 꾸미는 방법을 알려드릴게요! 포토샵을 활용하면 문자에 재밌고 화려한 효과를 손쉽게 넣을 수 있습니다. 클릭 몇 번만 해도 문자가 눈에 확들어오게 만들 수 있다니 모르면 손해겠지요?

하면 된다! ⟩ 혼합 옵션으로 문자에 효과 넣기

방법은 간단합니다.
문자를 입력한 후 포토샵에서 제공하는 효과를 입히면 돼요.

1. 먼저 기본적인 문자를 입력해 볼까요?
❶ [수평 문자 도구 **T**]를 누르고 ❷ 캔버스를 클릭하는 동시에 드래그해 글 상자를 만듭니다. ❸ 그 안에 원하는 문자를 입력하세요.

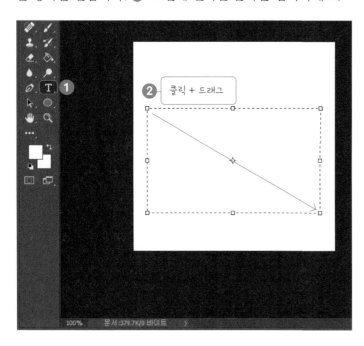

2. ➊ 문자를 드래그하여 선택한 상태에서 ➋ 옵션 바에서 글꼴, 문자의
크기와 굵기를 설정하면 바로 수정됩니다. 설정을 더 자세히 해 주고 싶
다면 ➌ [문자 및 단락 패널]을 클릭해 조절하세요.

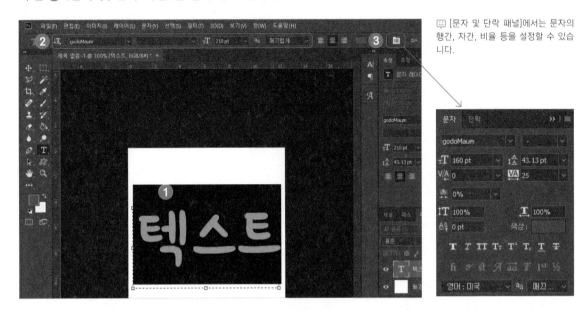

🗒 [문자 및 단락 패널]에서는 문자의
행간, 자간, 비율 등을 설정할 수 있습
니다.

3. 이제 효과를 넣을 차례예요!
➊ [텍스트] 레이어가 선택되어 있는지 확인하고 ➋ [레이어 스타일 *fx*]
을 클릭하세요. ➌ [혼합 옵션]을 클릭하면 [레이어 스타일] 창이 나타납
니다.

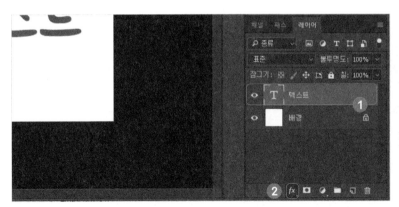
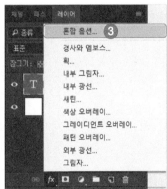

4. [레이어 스타일] 창에서 여러 효과를 넣을 수 있어요.
화면 왼쪽의 혼합 옵션을 하나씩 눌러 보면서 원하는 효과를 찾아보세요!

효과 1. 경사와 엠보스

❶ [경사와 엠보스]를 누르면 문자가 앞으로 튀어나와 보이는 효과를 넣을 수 있습니다. ❷ 세부 설정에서 깊이와 크기 등을 조절할 수 있습니다.

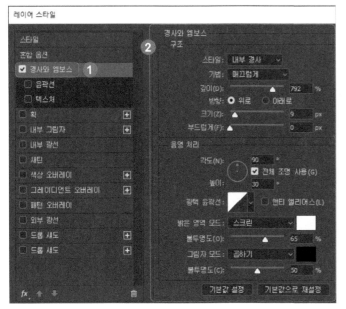

효과 2. 획

❶ [획]을 누른 뒤 ❷ 세부 설정에서 색상을 선택하고 ❸ 위치(바깥쪽, 안쪽, 중앙)를 선택한 뒤 ❹ 크기를 조절하면 문자에 외곽선을 넣을 수 있습니다.

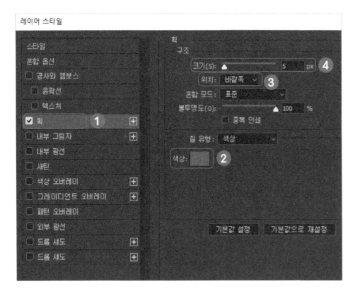

효과 3. 내부 그림자

❶ [내부 그림자]를 누르고 ❷ 세부 설정에서 음영의 거리, 경계, 크기를
조절해 주면 문자 안쪽이 파인 것 같은 음영이 들어갑니다.

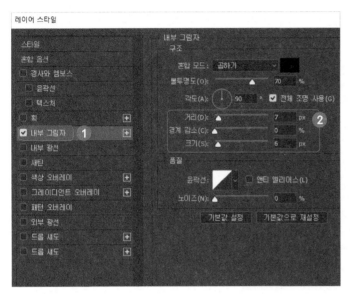

효과 4. 드롭 섀도

❶ [드롭 섀도]는 문자 뒤로 그림자를 넣는 기능을 합니다. 그림자의 각도
를 원하는 대로 수정할 수 있으며 ❷ 세부 설정에서 그림자의 거리, 범위,
크기를 조절할 수 있습니다.

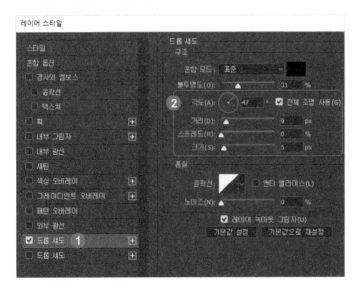

효과 5. 내부 광선

❶ [내부 광선]을 누르면 글자 안쪽으로 빛이 번지는 효과를 줄 수 있습니다. ❷ 세부 설정에서 색상과 경계의 정도, 크기를 조절할 수 있습니다.

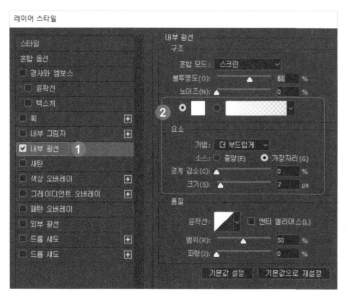

효과 6. 외부 광선

❶ [외부 광선]을 누르면 글자 바깥쪽에 광선이 들어갑니다. ❷ 세부 설정에서 색상, 크기, 범위를 조절할 수 있으며 네온사인 같은 효과를 줄 수 있습니다.

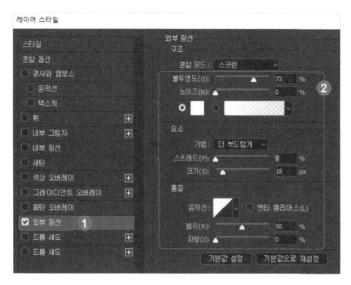

효과 7. 새틴

① [새틴]을 누르면 문자 내부에 매끄럽게 윤이 나는 음영이 들어갑니다.

② 세부 설정에서 음영의 각도, 거리, 크기를 조절할 수 있습니다.

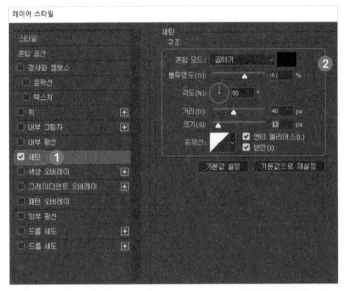

효과 8. 색상 오버레이

① [색상 오버레이]는 색을 덮어씌우는 기능을 합니다. 이 기능을 사용하면 ② [미리 보기]를 통해 색이 바뀌는 모습을 바로 볼 수 있기 때문에 문자 색상을 쉽게 수정할 수 있습니다. ③ 세부 설정에서 색상을 선택할 수 있습니다.

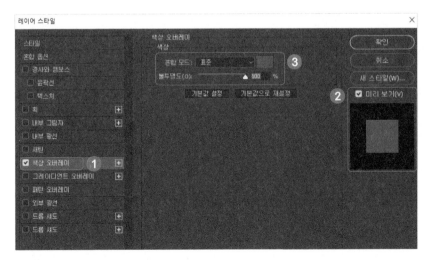

효과 9. 그레이디언트 오버레이

❶ [그레이디언트 오버레이]를 누르면 문자에 자연스러운 색 변화를 줄 수 있습니다. ❷를 누르고 그레이디언트 색을 바꾸면 자신만의 그레이디언트를 만들 수 있습니다.

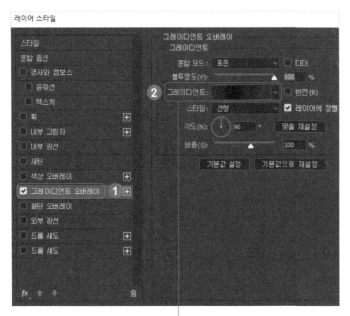

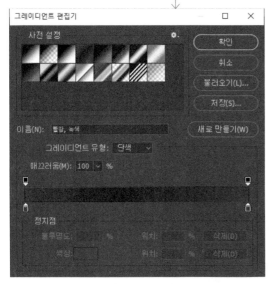

효과 10. 패턴 오버레이

① [패턴 오버레이]를 누르면 문자 안에 패턴이 들어갑니다. ② 화살표 모양의 선택 옵션 버튼을 누르면 기본 패턴 중에 고를 수 있습니다.

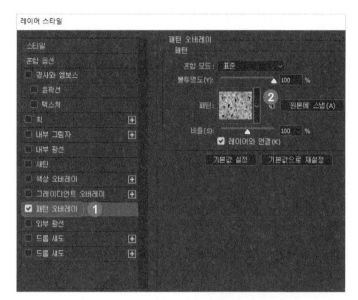

효과 숨기기, 효과 수정하기

레이어 패널에서 ① 눈 모양 아이콘을 클릭하면 효과를 숨길 수 있습니다. 효과를 적용하기 전과 후를 쉽게 비교해 볼 수 있죠. ② 효과 이름을 더블클릭하여 [레이어 스타일] 창이 뜨면 효과를 수정할 수 있습니다.

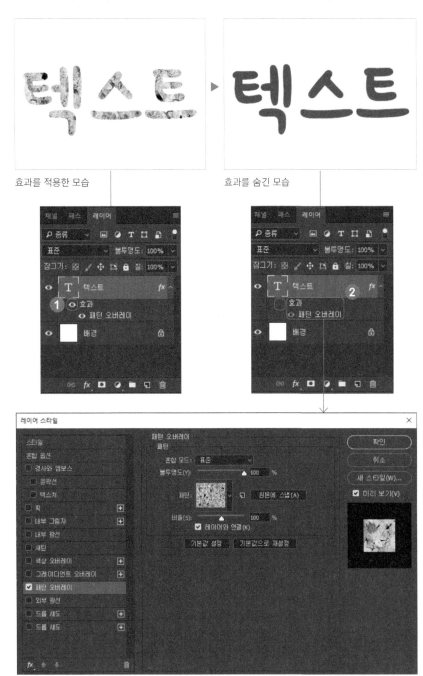

효과를 적용한 모습   효과를 숨긴 모습

효과 옮기기, 효과 제거하기

❶ 효과를 클릭한 뒤 드래그해 ❷ 다른 레이어에 옮기면 효과가 그대로
적용됩니다.
또한 ❶ 효과를 드래그해 ❸ 휴지통으로 옮기면 효과가 제거됩니다.

원본

문자 효과를 별 그림에 옮긴 모습

필터로 문자에 효과 넣기

다른 방법으로, 필터를 사용해 문자에 효과를 넣을 수도 있습니다.
혼합 옵션과 달리 필터를 적용한 후에는 문자를 바꿀 수 없어요. 문자를
사진과 같은 픽셀로 바꾼 후 필터를 적용해야 하기 때문이에요. 그러니
문자 내용을 확정한 후 필터를 적용해야 합니다. 제가 이모티콘을 만들
때 자주 쓰는 필터를 소개합니다.

하면 된다! ⟩ 필터로 문자에 효과 넣기

1. 기본적인 방법으로 문자를 입력합니다.

2. 문자를 이미지로 변환해야 필터가 적용됩니다. ① [텍스트] 레이어를 마우스 오른쪽 버튼으로 클릭하고 ② [문자 래스터화]를 누릅니다.

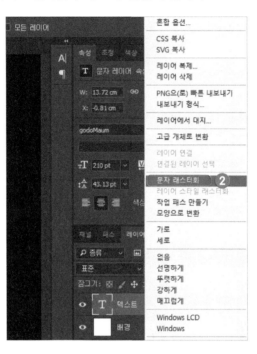

마우스 오른쪽 버튼으로 클릭하는
부분이 혼합 옵션을 적용할 때와 조
금 다르니 주의하세요!

3. [텍스트] 레이어 앞의 T 아이콘이 레이어 모양으로 바뀌었습니다. 이제 필터를 적용할 수 있게 되었어요! 필터를 하나씩 눌러 보면서 원하는 효과를 찾아보세요.

추천 필터 1. 바람 효과

① [필터 → 스타일화 → 바람]을 누르세요. ② 바람, 강풍, 돌풍 등을 조절할 수 있고, 방향도 바꿀 수 있습니다.

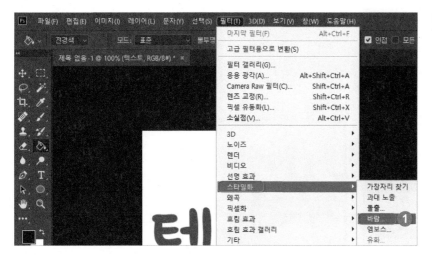

☞ 영문 포토샵을 사용한다면 [Filter → Stylize → Wind]를 누르세요.

이모티콘 멘트와 함께 캐릭터에도 효과를 넣어 주면 속도감이 느껴집니다.

추천 필터 2. 돌리기 효과

① [필터 → 왜곡 → 돌리기]를 누르면 ② 문자가 돌아가는 효과를 넣을 수 있습니다.

🖳 영문 포토샵을 사용한다면 [Filter → Distort → Twirl]을 누르세요.

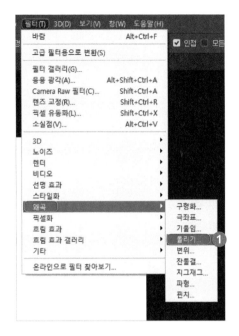 

움직이는 이모티콘을 만들 때 양쪽으로 번갈아 가며 쏠리게 조절해 주면 문자가 이리저리 돌아가는 효과를 연출할 수 있습니다.

추천 필터 3. 잔물결 효과

❶ [필터 → 왜곡 → 잔물결]을 눌러 주면 ❷ 문자가 작게 흔들리는 효과를 넣을 수 있습니다.

💬 영문 포토샵을 사용한다면 [Filter → Distort → Ripple]을 누르세요.

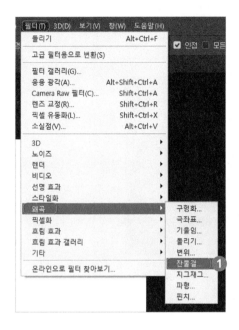

움직이는 이모티콘을 만들 때 물결의 양과 크기를 조절해 주면 울고 있는 모습으로 '슬픔' 효과를 낼 때 효과적입니다.

추천 필터 4. 가우시안 흐림 효과

❶ [필터 → 흐림 효과 → 가우시안 흐림 효과]를 누르면 ❷ 문자가 뿌옇 게 흐려지는 효과를 넣을 수 있습니다.

☑ 영문 포토샵을 사용한다면 [Filter → Blur → Gaussian Blur]을 누르세요.

가우시안 효과와 함께 불투명도를 조절하면 이모티콘 멘트가 흐려지면서 서서히 사라지는 효과를 낼 수 있습니다.

무료 글꼴 제공 사이트

새롭고 특이한 글꼴을 사용하고 싶다면 무료 글꼴 사이트에서 찾아보세요. 단, 상업적으로도 사용할 수 있는 100% 무료 글꼴도 있고 비상업적으로 만 사용해야 하는 글꼴도 있습니다. 저작권법에 위반하지 않도록 용도와 허용 범위, 저작권 표시 규정을 잘 확인하고 사용하시길 바랍니다.

사이트 1. 네이버 나눔 글꼴

네이버에서는 '한글한글 아름답게' 캠페인으로 2008년부터 매년 새로운 글꼴을 만들어 무료로 배포하고 있습니다. 나눔글꼴 34종, 마루 부리 글꼴 5종, 클로바 나눔 손글씨 109종을 내려받을 수 있습니다.

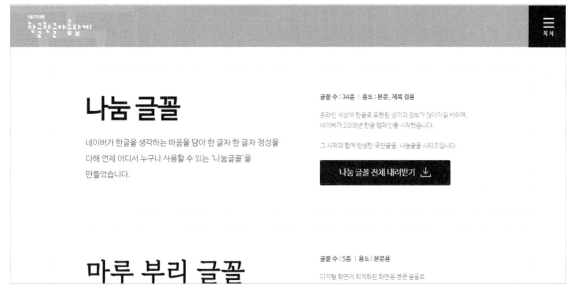

네이버 나눔 글꼴 주소: https://hangeul.naver.com/2017/nanum

사이트 2. 배달의 민족 글꼴

배달의 민족 사이트에서는 한나체 Pro, 한나체 Air, 한나는 열한살체, 을지로 오래오래체, 을지로 10년후체, 을지로체, 기랑해랑체, 연성체, 도현체, 주아체를 무료로 제공합니다.

배달의 민족 글꼴 주소: https://www.woowahan.com/fonts

사이트 3. 서울 서체

서울특별시 사이트에서는 서울 한강체, 서울 남산체를 무료로 배포하고 있습니다.

서울 서체 주소: http://www.seoul.go.kr
(서울 소개 → 서울의 상징 → 서체 → 다운로드)

사이트 4. 눈누

한글 글꼴 중에서 무료로 사용할 수 있는 글꼴들이 있는 주소로 연결해 주는 사이트입니다.

글꼴을 설치하지 않고도 해당 글꼴로 글을 써 볼 수 있으며, 원하는 스타일과 저작권 허용 범위로 검색할 수도 있습니다.

눈누 주소: https://noonnu.cc/

사이트 5. Dafont

영문 글꼴은 다양해서 선택 범위가 넓습니다. Dafont에는 영문 글꼴이 스타일에 따라 잘 분류되어 있습니다.

Dafont 사이트에서 무료 글꼴을 찾는 방법을 알려 드리겠습니다.
❶ 상단의 메뉴에서 원하는 스타일을 선택한 뒤 ❷ [More options]를 누르세요. ❸ [100% Free]에 체크 표시한 뒤 ❹ [Submit]을 누르면 선택한 스타일의 무료 글꼴만 골라서 보여 줍니다. 글꼴을 사용할 때에는 꼭! 저작권 허용 범위를 확인하세요.

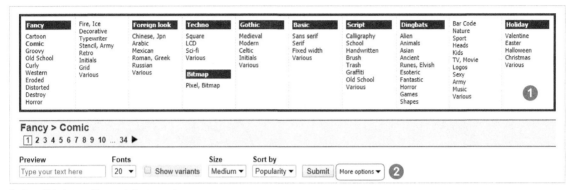

Dafont 주소: https://www.dafont.com/

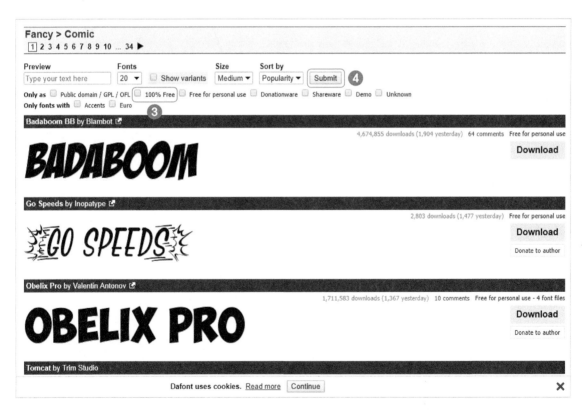

우는 캐릭터 이모티콘 만들기

다음 그림을 참고해 포토샵에서 우는 캐릭터 이모티콘을 만들어 보세요.

힌트

① 스케치하기   ② 펜 선 그리기   ③ 채색하기   ④ 멘트에 효과 넣기

캘리그래피, 사진으로 이모티콘 만들기

★ ★ ★

이모티콘 목록을 살펴보면 그림 없이 문자만 있는 이모티콘이나

사진을 활용한 이모티콘 등 색다른 종류도 보입니다.

사진 찍는 걸 좋아하거나 손 글씨에 자신 있는 분들은 이런 이모티콘을 직접 만들어 보세요!

지금까지 배운 내용을 조금만 응용하면 내가 쓴 멋진 캘리그래피나 직접 찍은 가족 사진도

얼마든지 이모티콘으로 만들 수 있답니다.

06장에서는 자신의 특기를 적극 활용해서

세상에 하나밖에 없는 나만의 특별한 이모티콘을 만들어 보겠습니다.

06-1

캘리그래피로 이모티콘 만들기

손 글씨가 자신 있나요? 그렇다면 캘리그래피로 이모티콘을 만들어 보세요.
캘리그래피를 메인으로 넣고 주변에 글과 어울리는 이미지를 간단하게
그려 넣으면 멋진 캘리그래피 이모티콘이 완성됩니다.

하면 된다! ⟩ 캘리그래피 이모티콘 만들기

1. 먼저 캘리그래피가 있어야겠죠?
빈 종이에 원하는 문구를 적고 스캐너나 스캔 앱을 이용해 이미지 파일로
만드세요.

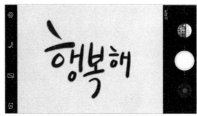

💬 스캔 앱으로는 캠스캐너(CamScanner)
앱을 추천합니다. 91쪽을 참고하세요.

💬 태블릿이 있다면 포토샵에서 캘리
그래피를 써도 됩니다.

2. 포토샵을 실행하고 제작 가이드에 맞는 새 파일을 만들게요.
❶ [새 파일]을 누르고 **❷** 에서 설정해 준 뒤 **❸** [제작]을 눌러 줍니다.

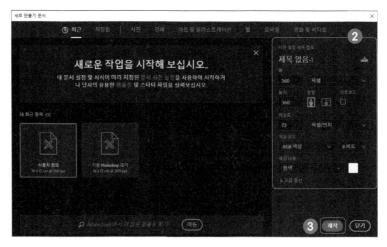

3. ❶ [파일 → 포함 가져오기]를 누른 뒤 ❷ 스캔한 이미지 파일을 찾아
❸ [가져오기]를 눌러 줍니다.

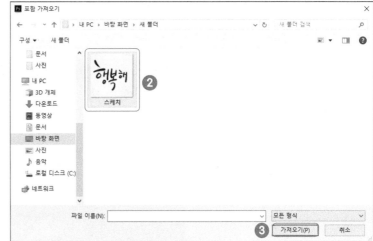

4. 선택한 파일이 캔버스 안에 들어오면 Ctrl + T 를 누르고 ❶을 드래
그해 이미지 크기를 적당히 조절합니다. Enter 를 누르면 ❷ 이미지가 확
정됩니다.

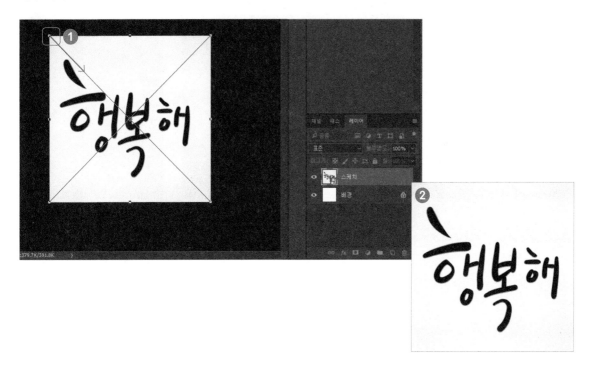

5. 그런데 [스케치] 레이어를 보니 작은 아이콘으로 무언가 표시되어 있네요! 이 표시는 [고급 개체]를 뜻합니다. 이미지를 자유롭게 수정하기 위해선 [고급 개체] 상태를 해제해 비트맵 이미지로 만들어야 합니다.
❶ [스케치] 레이어를 마우스 오른쪽 버튼으로 누르고 ❷ [레이어 래스터화]를 클릭해 줍니다.

6. [스케치] 레이어의 이미지가 비트맵 이미지로 바뀌었습니다.

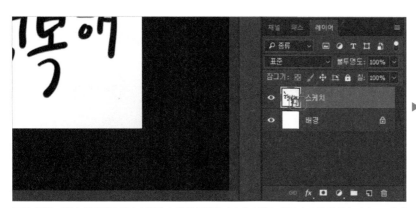

고급 개체는 원본 이미지를 따로 보관하고 있어 확대하거나 축소해도 이미지 손실이 없습니다. 그 대신 수정하기 위해선 원본 이미지를 따로 불러와야 합니다.

이미지를 래스터화하면 비트맵 이미지가 되므로 이미지를 바로 수정할 수 있습니다.

7. 이제 스캔한 이미지를 마음대로 수정할 수 있습니다!

먼저 이미지가 완전한 검은색과 흰색이 되도록 보정해야 해요.

❶ [이미지 → 조정 → 레벨]을 눌러 [레벨] 창을 꺼내세요. 이곳에서 이미지의 밝기를 조절할 수 있습니다.

🖂 스캔 앱으로 이미 깔끔하게 보정했다면 이 과정은 건너뛰어도 좋아요.

🖂 레벨 단축키: Ctrl + L

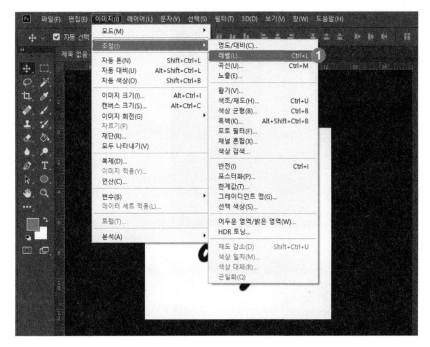

8. ❶ 삼각형을 좌우로 움직이거나 ❷를 [대비 증가 3]으로 바꿔 줍니다. ❸ [미리 보기]에 체크 표시하면 이미지의 밝기가 변하는 모습을 바로 확인할 수 있습니다. ❹ [확인]을 눌러 적용합니다.

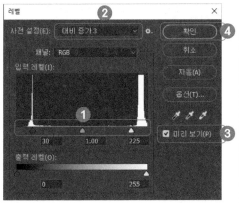

9. 이모티콘의 배경은 투명해야 하지요? 배경 흰색을 삭제해 보겠습니다.
일단 ❶ 눈 아이콘을 클릭해 [배경] 레이어를 숨기세요.

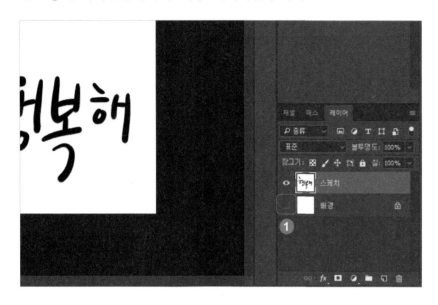

10. 흰색 부분을 선택하기 위해 ❶ [자동 선택 도구 ✦]를 클릭하고 ❷
문자를 제외한 배경을 클릭하세요.
이때 'ㅇ' 안처럼 사방이 막혀 있는 공간은 선택되지 않으므로 따로 선택
해 주세요. 배경을 클릭한 상태에서 ❸ Shift 를 누른 채 클릭하면 선택
영역을 추가할 수 있습니다.

💬 선택 영역 추가:
   Shift 누른 채 클릭

💬 선택 영역 제외:
   Alt 누른 채 클릭

11. Ctrl + X 를 누르면 배경이 삭제됩니다.

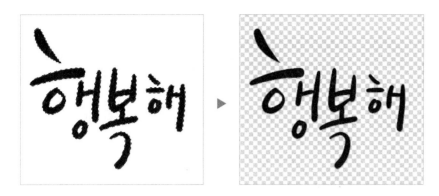

12. 이모티콘이 실제 플랫폼에서 어떻게 보이는지 보면서 작업하는 게 좋습니다. 배경에 진한 색을 깔아 볼게요. ❶을 눌러 새 레이어를 만들어 준 뒤 ❷ 이름을 '배경색'으로 바꾸고 [스케치] 레이어 아래로 내리세요.

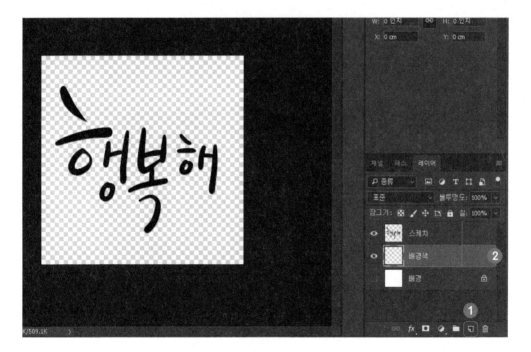

13. ❶ [페인트 통 도구 ]를 클릭하고 ❷ [전경색 설정]을 클릭해 어두운 색상(#a0c0d7)을 선택하세요.

☞ 카카오톡 채팅 창의 배경 색상에 맞춰 [#a0c0d7]을 배경색으로 넣어 주면 좋습니다.

14. 캔버스를 클릭해 색상을 채워 줍니다.

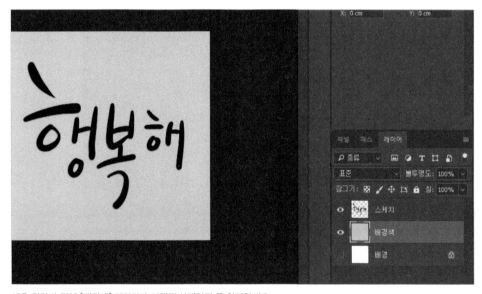

색을 칠하기 전에 [배경색] 레이어가 선택된 상태인지 꼭 확인하세요.

15. 이번엔 캘리그래피 외곽선을 따라 흰색 선을 넣어서 문구를 강조해
볼게요.

캘리그래피가 있는 ❶ [스케치] 레이어를 클릭한 뒤 ❷ [레이어 스타
일 🖼]을 클릭하세요. 외곽선을 넣기 위해 ❸ [획]을 선택합니다.

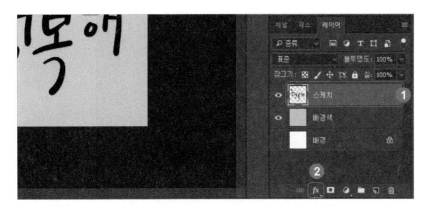 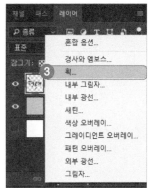

💬 레이어 스타일 활용법이 궁금하다
면 189~195쪽을 참고하세요.

16. [레이어 스타일] 창이 뜨면 ❶에서 획의 크기를, ❷에서 획의 색상을
선택합니다.

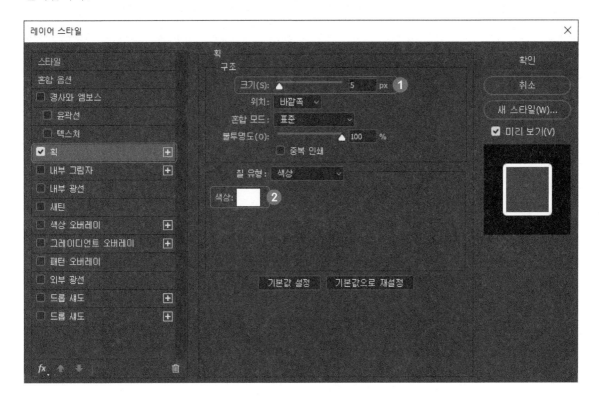

17. 외곽선을 넣은 김에 그림자도 넣어 볼까요?

같은 창에서 **❶** [드롭 섀도]를 클릭하고 **❷**에서 그림자의 불투명도를 조절하세요. 모두 마쳤다면 **❸** [확인]을 누르세요.

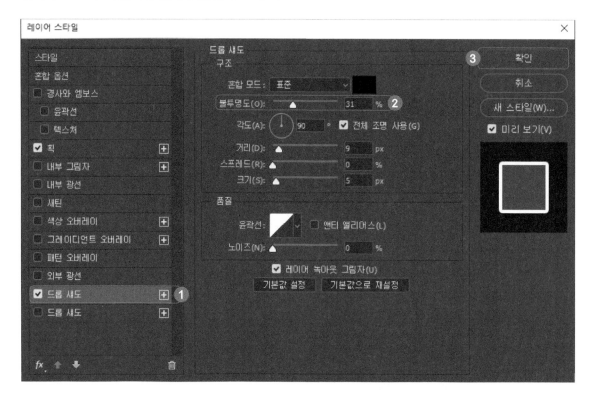

18. 문자에 흰 외곽선이 생기고 옅은 그림자 효과가 들어갑니다.

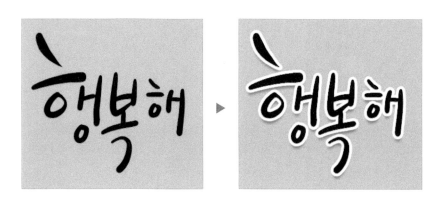

19. 문자 주변을 꾸밀 차례입니다.

❶을 눌러 새 레이어를 만든 뒤 ❷ 이름을 '그림'으로 바꾸고 [스케치] 레
이어 아래로 드래그합니다. 배경색 보다는 위에, 문자보다는 아래에 있어
야 하니까요.

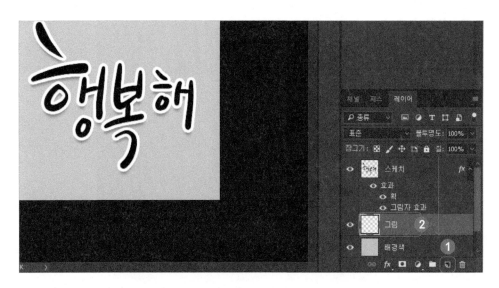

20. ❶ [브러시 도구 ✎]를 누르고 ❷ [전경색 설정]을 클릭해 원하는 색
상을 선택하세요.

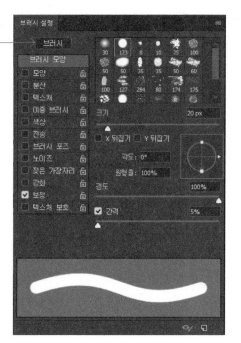

상단 옵션 바를 누르면 브러시의 크기와 종
류, 세부 설정을 할 수 있습니다.

21. 캘리그래피 주변을 꾸며 줍니다.

 ▶

22. 그림을 다 그렸나요? 그럼 필요 없는 것들을 지울게요.

❶ [배경색] 레이어와 [배경] 레이어를 Shift 를 누른 채 선택하고 ❷로 드래그해 삭제해 주세요.

23. 저장하기 위해 [파일 → 내보내기 → 웹용으로 저장]을 눌러 줍니다.

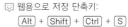
웹용으로 저장 단축키:
Alt + Shift + Ctrl + S

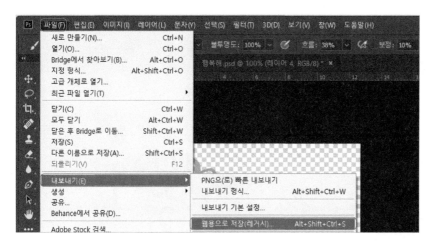

24. 설정을 ❶ [PNG-24]로 바꾼 후 ❷에서 이미지 크기를 최종 확인하고 ❸ [저장]을 눌러 줍니다.

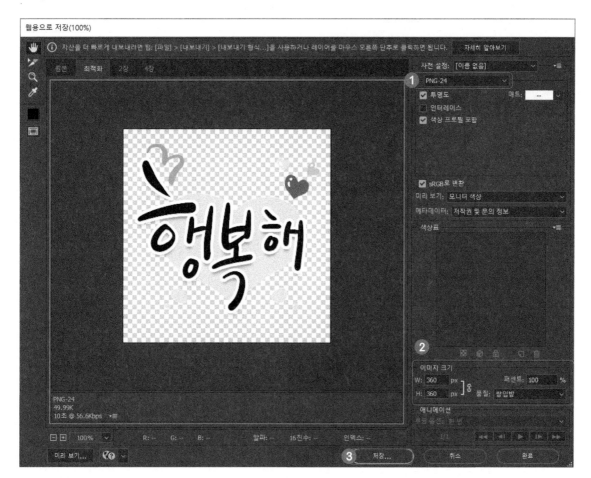

25. ❶ 파일 저장 위치를 설정하고 ❷ 파일 이름을 입력한 뒤 ❸ [저장]을
눌러 주면 이모티콘 파일이 완성됩니다.

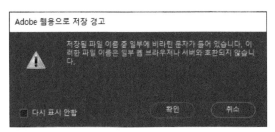

파일 이름이나 파일이 저장되는 위치에 한글을 사용하면 경고 창이
뜹니다. 그대로 [확인]을 눌러도 큰 문제는 생기지 않지만 걱정된다
면 ❶ 저장 위치(저장하는 폴더 이름)와 ❷ 파일 이름을 영어로 바
꿔 주세요.

하면 된다! ▶ PSD 파일 저장하기

PSD 파일로 저장하면 언제든지 지금까지 작업한 상태 그대로 불러와 수
정할 수 있습니다. 잊지 말고 PSD 파일로 꼭 저장해 주세요.

1. ❶ [파일 → 다른 이름으로 저장]을 누르세요. ❷ 파일 이름을 입력하
고 파일 형식이 ❸ [Photoshop(*PSD, *PDD, *PSDT)]으로 되어 있는지 확
인한 뒤 ❹ [저장]을 눌러 줍니다.

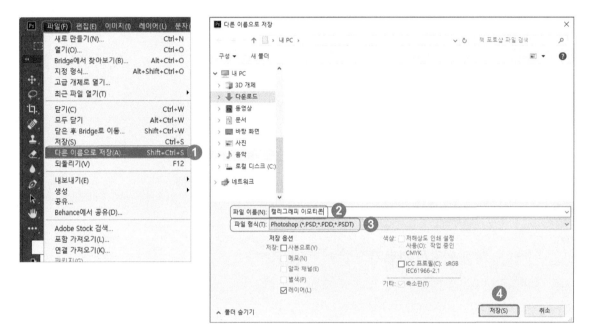

2. 혹시 경고 창이 뜨나요? 다른 응용 프로그램이나 다른 버전의 포토샵
에서 이 파일을 열 때 충돌하지 않도록 ❶ [호환성 최대화]에 체크 표시하
고 ❷ [확인] 버튼을 눌러 주면 PSD 파일이 생성됩니다.

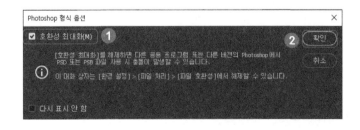

캘리그래피 이모
티콘

06-2
아이 얼굴로 이모티콘 만들기

가족 사진이나 반려 동물의 사진을 이모티콘 이미지로 만들어 친한 지인에게 보낸다면 얼마나 멋질까요? 이번에는 사진을 편집하고 그림을 덧붙여 귀여운 이모티콘으로 만드는 방법을 알아보겠습니다.

사진 이모티콘 만들기

사진 이모티콘은 대부분 개인적으로 친한 지인들과 사용하기 위해 만듭니다. 그런데 까다롭게 심사해서 일부만 승인해 주는 플랫폼에서는 유명 **연예인과 같이 인지도가 있는 인물이 아닌 이상 대부분 통과시켜 주지 않습니다.** 따라서 출시를 목적으로 한다면 미리 플랫폼의 특성을 잘 파악해 둬야 합니다.

하면 된다! ⑂ 사진 외곽선 자르기

우선 사진에서 이모티콘으로 활용할 부분만 잘라야 합니다.
여기에서는 아이의 얼굴만 잘라 사용할게요.

1. 포토샵에서 [파일 → 열기]를 눌러 이모티콘으로 만들고 싶은 사진 파일을 불러옵니다. 사진은 배경이 깔끔할수록 좋습니다.

💬 사진의 가로 세로 크기는 아직 신경 쓰지 않아도 됩니다. 사진에서 필요한 부분을 자른 후 새 파일을 만들어서 옮길 거니까요.

2. 혹시나 작업하다가 실수할 수 있으니 이를 대비해 원본을 복사해 두어
야 합니다. [배경] 레이어를 ❶로 드래그해 복사하고 ❷ [배경] 레이어의
눈 아이콘을 클릭해 숨겨 줍니다.

3. 포토샵 CC 버전부터는 이미지의 일부분을 더 쉽게 추출할 수 있습니다.
❶ [빠른 선택 도구]를 선택하고 상단 옵션 바에서 ❷ [선택 및 마스
크]를 눌러 줍니다.

[빠른 선택 도구]가 보이지 않는다면 위에 마우스 포인터를 올리고 길게 누르거나 마우스 오른쪽
버튼으로 눌러 보세요. 숨어 있던 아이콘이 나타납니다.

포토샵 하위 버전 사용자라면?

포토샵 하위 버전을 사용한다면 ❶ [자석 올가미 도구]를 선택해 주세요. 자르고 싶은 사진의 ❷ 외곽선을 클릭한 뒤
외곽선을 따라 마우스를 움직여 주면 사진을 따라 자동으로 선이 연결되면서 선택 영역으로 지정됩니다.

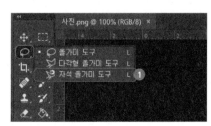 

---

4. 오른쪽 [속성] 창에서 **①** [보기 → 오버레이]를 눌러 주면 **②** 사진이
붉게 변합니다.

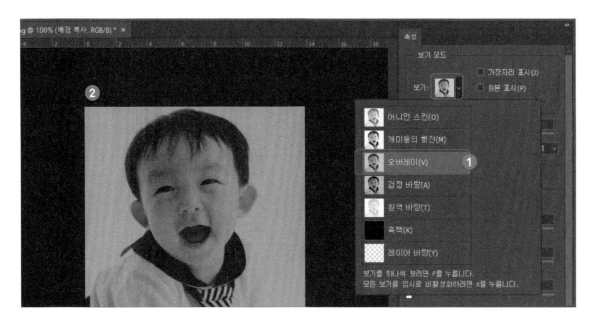

5. **①** 불투명도가 [50%], **②** 표시가 [마스크 영역]으로 되어 있는지 확인
하세요. '오버레이 50%'로 해 놓으면 원본을 보는 동시에 선택 영역을 한
눈에 볼 수 있어서 편리합니다. 색이 너무 진하면 원본 이미지가 잘 보이지
않고, 너무 연하면 선택 영역을 구별하기 힘들므로 그 중간인 50%를 추천
합니다.

🖱 [마스크 영역]을 [선택 영역]으로
바꾸면 마스크 영역과 반대로 선택된
부분이 붉게 변합니다.

6. 붉게 변한 영역은 지워질 부분입니다. 이모티콘에 사용할 얼굴은 붉은 영역에서 제외해야겠죠? 툴 패널에서 ① [빠른 선택 도구 ]를 선택하고 외곽선을 따고 싶은 부분을 드래그해 보세요. ② 선택 영역이 지정되면서 원본 이미지 색상이 나타납니다.

선택하고 싶은 부분을 대강 드래그하면 포토샵이 알아서 영역을 선택해 줍니다!

7. 위쪽 옵션 바에서 ⊕, ⊖를 누르고 드래그하면 선택 영역에서 추가하거나 뺄 수 있습니다. 귀, 머리카락 등을 드래그해 선택합니다.

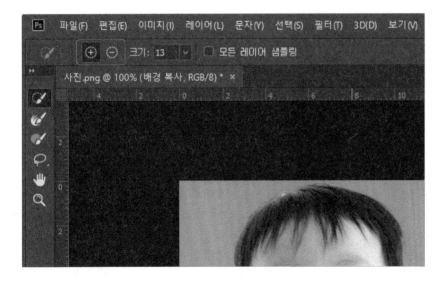

8. 조금 더 자세하게 작업해 볼까요?

보다 깔끔한 결과물을 위해 [Ctrl] + [+]를 눌러 화면을 확대하고 ❶ [브러시 도구 ]를 이용해 ❷ 선택 영역을 다듬어 주세요.

작은 이모티콘에 사용할 사진이므로 머리카락 한 올 한 올까지 섬세하게 선택하는 것보다 [브러시 도구 ✐]를 이용해 큰 덩어리 느낌으로 외곽선이 깔끔하게 선택될 수 있도록 다듬어 주는 것이 좋습니다.

9. 오른쪽 [속성] 창의 보기에서 [흑백]이나 [레이어 바탕] 등을 적용해 살펴보면 선택 영역을 좀 더 자세하게 확인할 수 있습니다. 이모티콘에서 사용할 부분만 깔끔하게 선택되었는지 확인하세요!

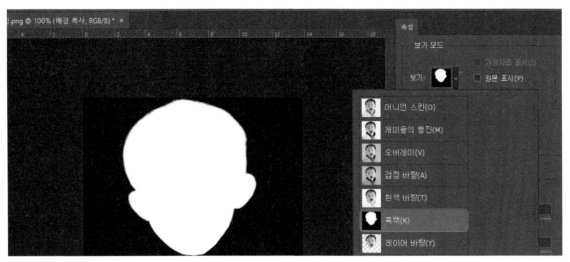

[흑백]으로 살펴본 모습

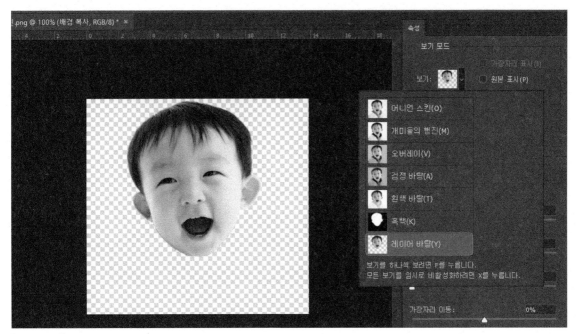

[레이어 바탕]으로 살펴본 모습

10. 영역이 깔끔하게 잘 선택되었나요?

[속성] 창의 아래쪽에서 ❶ [출력 설정]을 누른 뒤 출력 위치를 ❷ [새 레이어]로 고치고 ❸ [확인] 버튼을 누르세요.

11. 얼굴만 남은 새 레이어가 만들어집니다.

12. 지금까지 제작 가이드의 크기를 따르지 않은 채로 작업했지요? 이모티콘으로 사용할 부분만 복사해서 새 파일에 옮겨 보겠습니다.

❶ [사각형 선택 윤곽 도구 ▦]를 클릭한 뒤 이모티콘으로 만들고 싶은 캐릭터를 ❷ 드래그해 선택하세요. 그림 전체가 선택 영역 안에 들어갔다면 ❸ Ctrl + C 를 눌러 복사합니다.

💬 전체 선택 단축키: Ctrl + A

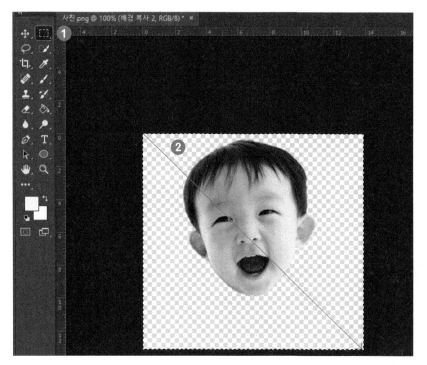

하면 된다! ▸ 그림 그려 꾸미기

앞에서 아이의 얼굴 외곽선을 깔끔하게 정리했다면 이제 그림을 그려 이모티콘으로 만들어 보겠습니다.

1. 제작 가이드에 맞춘 새 파일을 만들어서 복사한 사진을 넣을 거예요. ❶ [파일 → 새로 만들기]를 누르고 ❷에서 설정한 뒤 ❸ [제작]을 눌러 줍니다.

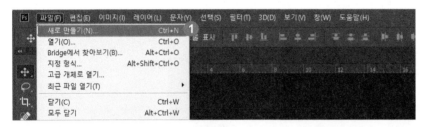

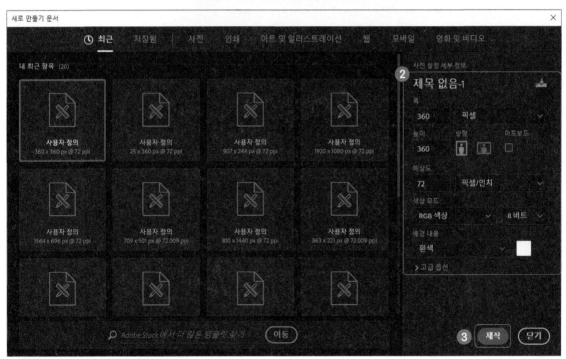

단위를 [픽셀]로 바꾸고 설정을 제작 가이드에 맞추세요.

2. Ctrl + V 를 누르면 복사한 그림이 파일로 들어옵니다. 그림이 파일
크기를 벗어났나요? Ctrl + T 를 누르고 ① 조절점을 드래그해 그림을
화면 크기에 맞게 조절하세요.

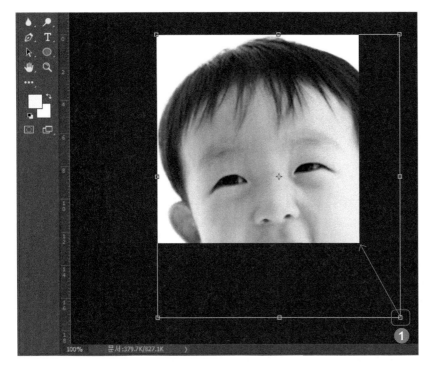

💬 그림이 너무 커서 조절점이 보이지
않거나 드래그하기 힘들다면 Ctrl +
− 를 눌러 캔버스를 축소한 뒤 크기
를 조절해 주세요. 캔버스를 다시 확
대하고 싶다면 Ctrl + + 를 눌러
줍니다.

💬 같은 비율로 확대/축소:
 • CC 2019 버전: 그냥 드래그
 • CC 2019 이전 버전:
  Shift 누른 채 드래그

3. 그림이 알맞은 크기로 축소되었다면 Enter 를 눌러 크기를 확정해 줍
니다.

4. 복사한 그림은 [레이어 1]에 들어가 있습니다.
스케치를 하기 위해 ❶을 눌러 [레이어 2]를 하나 만들고 ❷ [레이어 1]
아래로 드래그해 옮겨 주세요. 그리고 ❸ 레이어 이름을 각각 더블클릭해
알아보기 쉽도록 '얼굴'과 '스케치'로 바꿔 줍니다.

5. ❶ [브러시 도구 ✏]를 선택하고 ❷ 얇은 브러시로 설정한 뒤 ❸ [전
경색 설정]을 클릭해 원하는 색상을 고르세요.

📖 [브러시 도구 ✏]를 사용하는 방
법은 166~167쪽을 참고하세요.

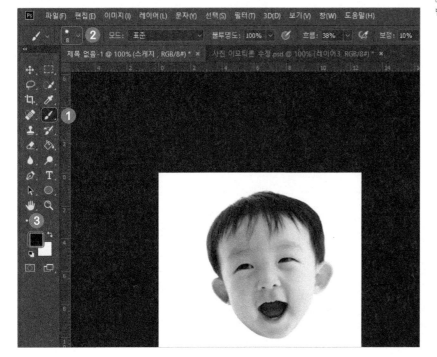

6. ❶ [스케치] 레이어가 선택되어 있는지 꼭 확인하고 ❷ 스케치를 합니다.

7. 스케치가 완성되었다면 외곽선을 그려야겠죠?
❶ [스케치] 레이어의 ❷ 불투명도를 낮춰 ❸ 흐릿하게 합니다.

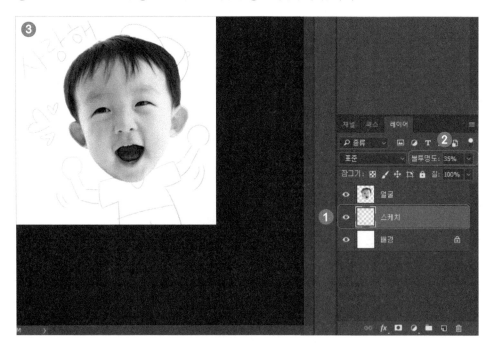

8. ❶을 눌러 새로운 레이어를 만드세요. 이름을 ❷ '펜션'으로 변경하고
[얼굴] 레이어 아래로 드래그해 이동합니다.

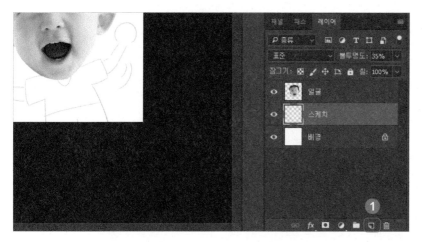 

9. ❶ [펜션] 레이어에 진한 브러시 도구로 다시 한 번 ❷ 깔끔하게 선을 그
립니다.

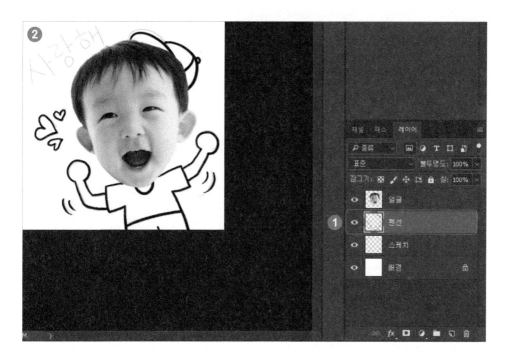

10. 다 그렸나요? 그렇다면 채색해 봅시다.

①을 눌러 새 레이어를 만든 뒤 ② 이름을 '채색'으로 변경하고 드래그해서 [펜선] 레이어 아래로 내려 줍니다. ③ [스케치] 레이어는 이제 필요 없으니 눈 아이콘을 클릭해 숨겨 줍니다.

11. [채색] 레이어가 선택되어 있는지 확인한 후 ① [브러시 도구 ✐]를 선택하고 ② [전경색 설정]을 클릭해 원하는 색상을 선택한 뒤 ③ 색을 칠해 줍니다.

12. 선 밖으로 삐져나온 부분은 ❶ [지우개 도구 🖾]로 ❷ 깨끗이 지워
주세요.

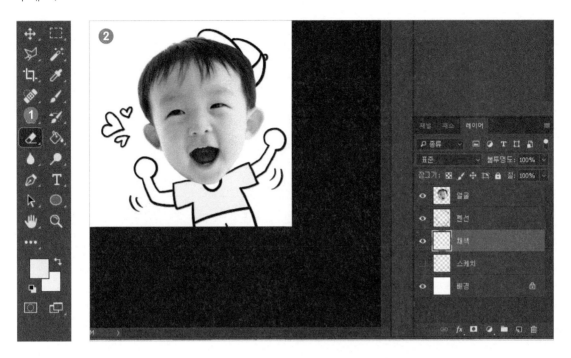

13. 나머지 부분도 같은 방법으로 모두 채색해 주세요.

14. 색이 제대로 칠해졌는지 확인하고 싶다면 배경색을 넣어 보면 됩니다. 먼저 ❶을 눌러 새 레이어를 만든 뒤 ❷ 이름을 '배경색'으로 바꾸고 [채색] 레이어 아래로 옮기세요. ❸ [페인트 통 도구 🪣]를 클릭하고 ❹ [전경색 설정]에서 [#a0c0d7]로 설정합니다.

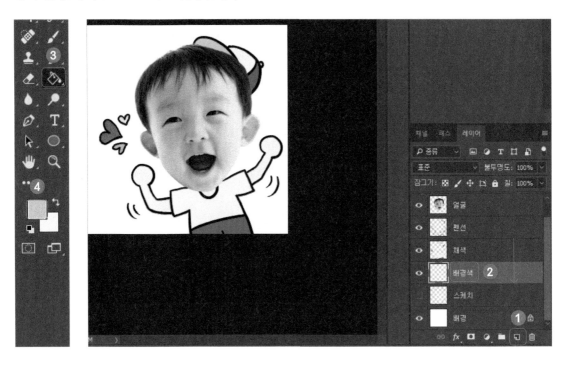

15. 배경을 클릭해 주세요. 선이 삐져나온 부분은 없는지, 덜 칠해진 부분은 없는지 잘 확인해 보고 채색을 마무리합니다.

16. 얼굴에 볼 터치도 넣어 볼까요?

❶ 새 레이어를 만들어서 ❷ 이름을 '볼터치'로 변경하고 [얼굴] 레이어
위로 드래그해 올립니다.

17. ❶ [브러시 도구 🖌]를 선택하고 ❷ [브러시 설정 📑] 아이콘을 눌러
❸ 외곽선이 뿌연 브러시를 선택하고 ❹ 브러시 크기를 크게 조절하세요.

🖵 [창(W) → 브러시]를 눌러 브러시
패널을 열어도 됩니다.

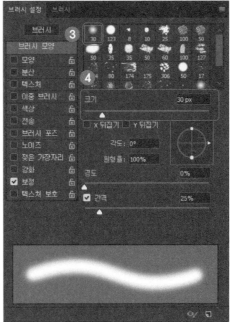

18. ❶ [전경색 설정]에서 볼 터치로 사용할 ❷ 색상을 고르고 ❸ [확인]
을 누릅니다.

19. 양 볼을 클릭해 볼 터치를 그립니다. 브러시 크기를 줄여서 볼 부분에
빗금을 넣을 수도 있어요.

💬 브러시 크기 키우기: `[`
브러시 크기 줄이기: `]`

하면 된다! ▶ 말풍선 그리기

마지막으로 말풍선을 그려 넣어 사진 이모티콘을 완성하겠습니다!

1. ① [사용자 정의 모양 도구 ⭐]를 선택한 후 위쪽 옵션 바의 ② [모양]
에서 화살표를 눌러 ③ 말풍선 모양을 선택합니다.

📋 툴 패널에서 각 도구 아이콘을 마
우스 오른쪽 버튼으로 누르면 숨어 있
는 도구들을 볼 수 있습니다.

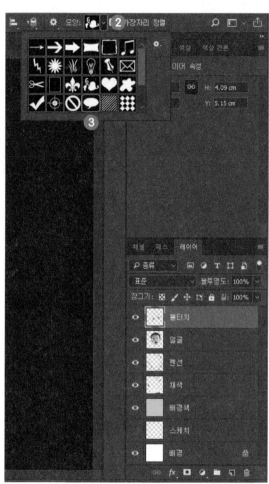

2. 캔버스에 드래그하면 ❶ 말풍선 모양이 만들어집니다. 상단 옵션 바의
❷ 칠에서 색상을, ❸ 획에서 외곽선의 색상과 두께를 조절할 수 있습니다.

💬 말풍선을 만든 뒤엔 Enter 를 눌러 모양 만들기를 종료해 주세요.

💬 말풍선을 만들면 따로 새 레이어를 추가하지 않아도 [모양 1] 레이어가 자동으로 생성됩니다.

3. 말풍선의 모양과 위치를 변경해 볼게요.
Ctrl + T 를 누른 뒤 마우스 오른쪽 버튼으로 말풍선을 클릭합니다. ❶
[가로로 뒤집기]를 눌러 ❷ 말풍선의 좌우 모양이 바뀌면 Enter 를 눌러
주세요.

💬 말풍선 위치는 [이동 도구 ✛]를 누르고 드래그하면 이동됩니다.

💬 Ctrl + T 를 누른 상태에서 조절점을 움직여서 말풍선을 원하는 모양으로 바꿔 줍니다.

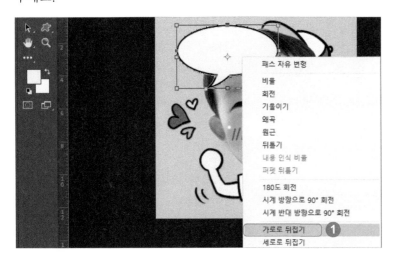

4. 말풍선이 원하는 대로 조정되었다면 [래스터화]해야 합니다.

말풍선 레이어인 ❶ [모양 1] 레이어를 마우스 오른쪽 버튼으로 클릭하고
❷ [레이어 래스터화]를 누르세요.

💬 포토샵은 비트맵 기반 프로그램이
므로 래스터화해서 비트맵 이미지로
만들어 줘야 나중에 수정하기 편리합
니다.

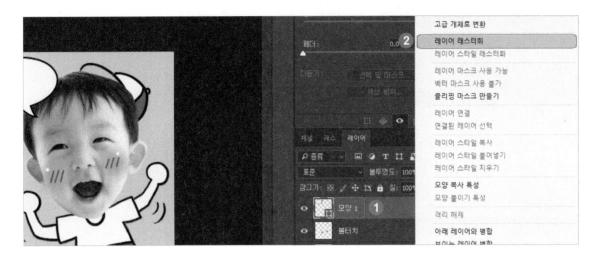

5. 이제 말풍선 안에 문자를 입력해 볼까요?

❶ [수평 문자 도구 T]를 눌러 준 뒤 말풍선 안에 ❷ 문자를 입력합니다.
글꼴과 문자 크기는 ❸ 옵션 바에서 조절할 수 있어요.

6. 이대로 완성해도 되지만, 한 발 더 나아가서 문자를 변형해 볼게요.
옵션 바에서 ❶ [뒤틀어진 텍스트 만들기 🍣]를 누릅니다.

7. 창이 뜨면 ❶ 스타일에서 모양과 옵션을 조절해 원하는 모양을 찾아보
세요. 찾았다면 ❷ [확인]을 눌러 확정합니다.

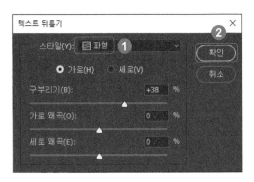

8. 이모티콘을 완성했으니 마지막으로 불필요한 레이어를 삭제하겠습니다.
❶ 필요 없는 레이어를 Shift를 누른 채 클릭해 동시에 선택하세요. ❷로
드래그하면 레이어가 삭제됩니다.

9. 저장하는 과정은 동일합니다. ❶ [파일 → 내보내기 → 웹용으로 저장]을 누르세요.

💬 웹용으로 저장 단축키:
Alt + Shift + Ctrl + S

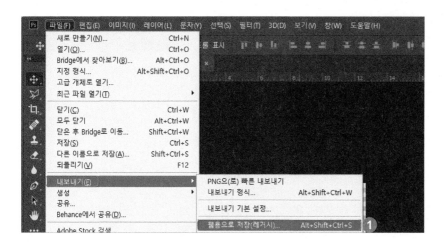

10. ❶ 파일 형식(PNG-24)과 ❷ 이미지 크기를 확인한 후 ❸ [저장]을 누르면 완성됩니다.

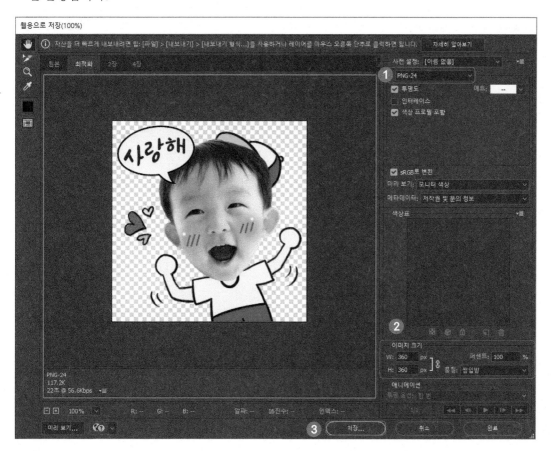

💬 파일 이름이나 파일이 저장되는 경로에 한글을 사용하면 경고 창이 뜹니다. 그대로 [확인]을 눌러도 큰 문제는 생기지 않지만 걱정된다면 ❶ 저장 위치(저장하는 폴더 이름)와 ❷ 파일 이름을 영어로 바꿔 주세요.

하면 된다! ▶ PSD 파일 저장하기

PSD 파일로 저장하면 언제든지 지금까지 작업한 상태 그대로 불러와 수정할 수 있습니다. 잊지 말고 PSD 파일로 꼭 저장해 주세요.

1. ❶ [파일 → 다른 이름으로 저장]을 누르세요. ❷ 파일 이름을 입력하고 파일 형식이 ❸ [Photoshop(*PSD, *PDD, *PSDT)]으로 되어 있는지 확인한 뒤 ❹ [저장]을 눌러 줍니다.

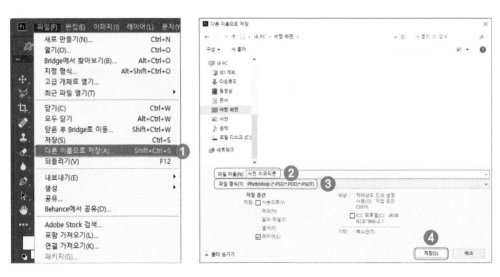

2. 다른 응용 프로그램이나 다른 버전의 포토샵에서 이 파일을 열 때 충돌하지 않도록 ❶ [호환성 최대화]에 체크 표시하고 ❷ [확인] 버튼을 눌러 주면 PSD 파일이 생성됩니다.

사진 이모티콘

사진으로 생일 축하 이모티콘 만들기

밝게 웃고 있는 얼굴 사진으로 생일 축하 이모티콘을 만들어 보세요.

컴퓨터 작업을 하기 전에 러프 스케치를 하면서 계획을 세우면 빠르게 작업할 수 있습니다.

원 안에 사진이 있다고 생각하고 스케치를 해 보세요.

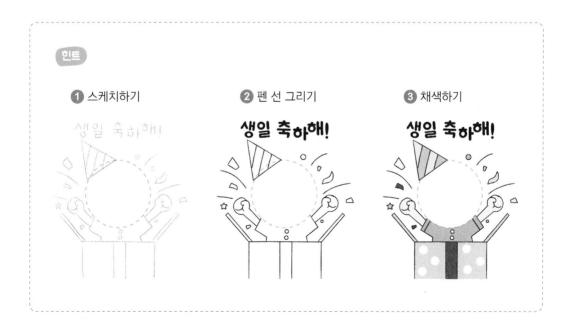

힌트

1 스케치하기   **2** 펜 선 그리기   **3** 채색하기

07

움직이는 이모티콘 만들기

★　★　★

움직이는 이모티콘은 TV에 나오는 만화 영화를 아주 짧게 잘라 낸 것과 같습니다.

진짜 살아 움직이는 것처럼 보이지만 사실 멈춰 있는 그림 여러 장을 연결했을 뿐이죠.

07장에서는 먼저 애니메이션을 이해하고

자연스러운 동작을 완성하려면 어느 부분을 움직여야 하는지,

시간 설정은 어떻게 해야 하는지 배우면서

움직이는 이모티콘을 만들어 보겠습니다.

07-1

애니메이션 이해하기

공책 한쪽 구석에 페이지마다 작게 그림을 그려 놓고 넘겨 보는 장난을
해 본 적 있나요? 그림을 다 그리고 공책을 빠르게 넘겨 보면 마치 그림이
살아 움직이는 것같이 보이죠.
애니메이션은 바로 이런 착시 현상을 이용한 표현 기법입니다.

프레임

애니메이션의 원리는 간단합니다. 연속된 그림을 빠르게 넘겨 보면 그 속
도를 사람의 눈이 따라가지 못해 잔상이 남고 프레임이 합쳐져서 인식되
면서 움직인다고 느끼게 됩니다.

💬 생명이 없는 물체에 움직임을 부여
해 마치 살아 있는 것처럼 만드는 작업
을 총칭해 '애니메이션'이라고 합니다.

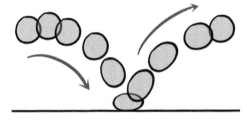

튀는 공 이미지

애니메이션을 나눠 보면 시간이 경과함에 따라 진행되는 연속성 있는 정
지 화면들로 이루어져 있습니다. '프레임'이란 완성된 영상을 구성하는
정지된 이미지 한 장 한 장을 뜻합니다.
이모티콘은 대부분 최대 24프레임까지 만들 수 있으며, **프레임이 적으면
움직임이 뚝뚝 끊겨 보이고 프레임이 많으면 많을수록 움직임이 부드러
워 보입니다.**

뛰는 사람의 연속된 동작 이미지

움직이는 이모티콘 프레임 살펴보기

눈 깜빡이기

캐릭터에 움직임을 넣을 때 가장 쉬우면서도 재밌는 결과물을 만들어 낼 수 있는 방법이 바로 캐릭터의 눈 깜빡임 동작입니다. 사람은 상대방을 볼 때 눈을 가장 먼저 보니까요!

정지된 그림에 눈 깜빡이는 장면만 넣어도 캐릭터에 생동감을 줄 수 있습니다. 먼저 프레임을 이해하기 쉽게 눈 깜빡이는 장면을 두 개의 프레임으로 나눠 봤습니다.

최소한의 프레임 2장. 뜬 눈과 감은 눈

완전히 뜬 눈, 완전히 감은 눈입니다.

이 두 장으로도 눈 깜빡임을 표현할 수 있습니다. 하지만 단조로워 보이고 움직임이 부드럽지 않죠. 이럴 때는 중간 프레임을 추가하면 자연스러운 움직임을 만들어 낼 수 있습니다.

뜬 눈   중간 프레임 추가   감은 눈

반쯤 감은 눈을 한 장 추가하니 움직임이 훨씬 더 매끄러워졌습니다.

여기서 조금 더 자연스럽게 그리고 싶다면 중간 프레임 앞뒤로 프레임을 몇 장을 더 넣어 주는 것이 좋겠죠.

눈의 양쪽 끝은 움직이지 않으면서
눈꺼풀을 깜빡이는 동작을 더 넣어 줍니다.

눈 깜빡임 같은 간단한 움직임에 프레임을 많이 사용하면 그만큼 움직임
진행 시간이 느려지므로 4~5장의 프레임으로 그려 줬습니다. 여기서 조
금 더 사람 눈 같은 움직임을 세밀하게 주고 싶다면 눈썹을 같이 움직여
주는 것이 좋습니다.

다음 그림은 실제 사람과 비슷한 6등신 캐릭터의 눈에 움직임을 줬습니다.

🖵 눈 생김새는 02장 캐릭터 그리기
를 참고해 그리세요.

6등신 캐릭터의 눈 깜빡이는 애니메이션 프레임

**움직임을 넣을 때는 항상 '그 대상이 어떻게 움직여야 자연스러워 보일
까?'를 생각하면서 그려 주세요.** 같은 공이라도 볼링공과 고무공, 농구공
의 움직임은 확연하게 다르니까요. 캐릭터도 마찬가지입니다. 움직임에
따라 그 대상이 밝고 명랑해 보일 수도 있고 지루하고 게을러 보일 수도
있습니다. 이런 움직임과 캐릭터 비주얼이 합쳐져서 하나의 감정 표현을
만들어 냅니다.

입 움직이기

이제 입을 움직여 볼 차례입니다. 입 역시 감정을 표현하는 데 아주 중요
한 역할을 합니다. 이번에도 역시 가장 기본이 되는 두 장의 프레임을 먼
저 그리고 중간 프레임을 추가해 줬습니다.

꼭 다문 입

살짝 벌린 입

크게 벌린 입

처음에는 입을 다물고 있다가 마지막에 활짝 웃는 장면입니다.
중간에 살짝 벌린 입 프레임을 여러 개 넣어 주면 더 자연스러워지겠죠.
말을 하는 장면이라면 입 크기가 커졌다가 줄어들기를 반복하는 움직임
을 넣어 줍니다.

직접 거울을 보면서 입 모양을 관찰하면 더 재밌는 모습을 많이 그릴 수
있습니다. 미소 지을 때는 입은 벌리지 말고 입꼬리만 살짝 올라가게, 슬
플 때는 입꼬리가 아래로 축 쳐지게, 화날 때는 이를 앙다문 모습으로 그
려 주면 효과적입니다.

입이 움직일 때 턱 주변도 함께 움직여 주면 더 사실적인 움직임을 만들
수 있습니다.

6등신 캐릭터의 웃는 입 애니메이션 프레임

앞서 배운 눈과 눈썹, 입을 같이 움직여 주면 대부분의 표정을 표현해 낼
수 있으니 여러 가지 표정으로 그리는 방법을 연습해 보세요.

뒤돌아 보기

뒤돌아 보는 모습은 물체가 회전하는 모습을 떠올리면 좀 더 이해하기 쉽습니다.

다음 그림은 얼굴 전체를 돌리는 모습의 프레임입니다. 얼굴 각 부위의 위치와 크기가 달라지지 않도록 주의하고, 안쪽으로 갈수록 눈을 작게 그려 원근감을 표현해 줍니다.

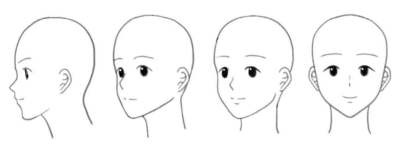

뒤돌아 보는 얼굴 프레임

간단하게 애니메이션 만드는 팁

움직이는 이모티콘을 만들 때 아주 쉽고 간단하면서도 효과가 좋은 간단한 표현 몇 가지를 알아보겠습니다.

동작 반복하기

움직이는 이모티콘이라고 해서 처음부터 끝까지 캐릭터가 역동적으로 움직일 필요는 없습니다. 간단한 동작이나 강조하고 싶은 동작만 반복하게 하면 프레임을 적게 그리고도 동작을 강조할 수 있어 작업 시간을 단축할 수 있습니다.

인사하는 이모티콘

예를 들어 인사를 하거나 박수 치는 표현은 팔을 조금씩 움직여서 프레임을 몇 장만 그린 뒤 몇 차례 반복해 주면 움직이는 이모티콘을 손쉽게 완성할 수 있습니다.

확대/축소하기

카메라로 사진이나 영상을 찍을 때 줌 인, 줌 아웃하는 것과 비슷합니다. 표정이 중요한 장면에서는 화면을 확대해서 캐릭터 얼굴을 자세히 보여주고, 동작이 중요하거나 주변 배경을 더 보여 주고 싶을 때는 화면을 축소해서 캐릭터 전신과 배경을 보여 주면 감정을 더 효과적으로 전달할 수 있습니다.

부탁하는 이모티콘

색상, 투명도 조절하기

색상이나 투명도는 프로그램의 설정에서 바꿀 수 있으므로 따로 그림을 그리지 않고도 쉽게 표현할 수 있습니다. 특히 투명도를 조절하면 서서히 자연스럽게 나타났다가 사라지는 효과를 낼 수 있어 멘트에 많이 사용하는 편입니다.

💬 멘트가 사라지는 효과를 넣는 방법은 202쪽을 참고하세요.

충격받은 이모티콘

움직이는 이모티콘을 만들 때 이런 간단한 표현을 함께 넣어 주면 더 재밌고 볼거리가 많아집니다.

속도에 따라 전체 프레임 수 조절하기

동작과 동작 사이에 프레임이 많으면 움직임이 자연스러워지지만 그만큼 속도는 느려집니다. 그래서 달리기나 점프 동작같이 빠른 속도를 표현할 때는 동작 변화는 크게, 프레임 수는 적게 그려서 조절해야 합니다.

💬 처음에는 이렇게 간단히 낙서하는 것처럼 연습해 보는 것이 좋습니다.

간단한 그림으로 점프 동작 그려 보기

몸을 숙였다가 점프하고 바닥에 쭉 미끄러지며 착지하는 모습입니다.

① 서 있다가 몸을 숙이는 장면은 움직임이 천천히, 매끄러워 보여야 하기 때문에 캐릭터를 조금씩만 움직여 프레임을 여러 장 그렸고, ② 빠른 스피드가 중요한 장면은 움직임의 변화를 크게 표현하면서 최소한의 프레임만으로 그려 주었습니다. ③ 착지 이후 속도가 점점 감소하는 장면은 프레임의 간격이 넓었다가 점점 줄어들게 그렸습니다.

💬 ①은 프레임을 6장, ②는 3장, ③은 7장을 그려 줬습니다.

이렇게 매끄러운 동작을 만들고 싶을 땐 캐릭터를 아주 조금씩만 움직여 프레임 수를 늘려 주고, 빠른 동작을 만들고 싶을 땐 움직임의 변화를 크게 표현하고 중요한 장면만 그려 프레임을 최대한 줄여 줘야 속도감 있는 동작을 그릴 수 있습니다.

💬 움직이는 이모티콘은 프레임 수에 제한이 있기 때문에 제작 가이드를 보면서 프레임이 너무 많아지지 않도록 주의하세요.

07-2
포토샵으로 움직이는 이모티콘 만들기

움직이는 이모티콘 컬러 시안 그리기

이제 앞에서 만든 캐릭터로 움직이는 이모티콘 프레임을 만들어 볼 차례입니다.

프레임을 여러 장 그리다 보면 처음 계획이 어땠는지 헷갈리기 때문에 먼저 계획을 자세하게 써 놓은 컬러 시안을 만들어야 합니다.

이모티콘 컬러 시안 예시

움직이는 이모티콘 컬러 시안을 만들 때는 이 캐릭터가 어떻게 움직일 예정인지 바로 이해할 수 있도록 그려야 합니다. 중요한 장면 2~3컷을 순서대로 그리고 움직임에 대해 자세한 설명을 써 두면 중간 중간에 확인하면서 계획한 대로 작업을 진행할 수 있습니다.

❶ 웃으면서 손을 위로 드는 동작

❷ 얼굴이 화면 바로 앞으로 다가오면서 뽀뽀 하는 동작

❸ 얼굴을 뒤로 빼면서 두 손을 모았다가 활짝 벌리면 하트가 날아감

하면 된다! ▷ 움직이는 이모티콘 프레임 그리기

187쪽 [브러시 도구로 이모티콘 그리기]에 이어서 움직이는 이모티콘을
제작해 보겠습니다.
태블릿 없이 그림판이나 사이툴에서 PNG 파일로 만들었다면 269쪽 실
습으로 넘어가세요!

1. 먼저 포토샵을 실행한 후 187쪽에서 작업했던 PSD 파일을 불러오세
요. 필요 없는 **①** [스케치] 레이어는 **②** 로 드래그해 삭제해 주고 **③** 눈 아
이콘을 눌러 숨겨 놨던 레이어들을 보이게 해 줍니다.

2. 움직이는 이모티콘을 만들 때는 레이어를 그룹으로 묶어서 관리하면
편합니다. 그룹 하나에 프레임 하나를 넣으면 되거든요!
먼저 ❶을 눌러 [그룹 1]을 만드세요. ❷ [Shift]를 누른 채 [펜선]과 [채
색] 레이어를 동시에 선택해 [그룹 1]로 드래그하면 ❸ 레이어가 그룹으
로 묶입니다.

레이어가 그룹으로 묶이면 레이어 앞
에 빈 공간이 생깁니다.

💬 그룹 앞에 있는 화살표를 누르면
그룹을 접었다 펼 수 있습니다.

💬 그룹을 클릭한 채로 새 레이어를
만들면 레이어는 자동으로 그룹 안으
로 들어갑니다.

💬 레이어를 많이 분리해야 할 때 [그
룹] 기능을 활용해 정리하면 구별하기
도 쉽고 수정하기도 편리합니다.

3. 다음 프레임을 만들 때 이전 프레임이 보이면 만들기 쉽겠지요?
❶ [그룹 1]을 클릭하고 ❷에서 불투명도를 낮춰 줍니다.

💬 그룹에 효과를 주면 그룹 안에 있
는 모든 레이어에 효과가 적용됩니다.

4. 준비가 되었으니 이제 다음 프레임을 그려 봅시다!
① 을 누른 뒤 새 레이어 이름을 ② '펜선'으로 바꾸세요.

5. ① [브러시 도구 ✎]를 선택하고 ② [전경색 설정]에서 색상을 선택하세요. 이때 처음에 그린 프레임과 ③ 같은 두께, 같은 스타일의 브러시로 그려야 화풍이 변하지 않고 움직이는 이모티콘을 그릴 수 있습니다.

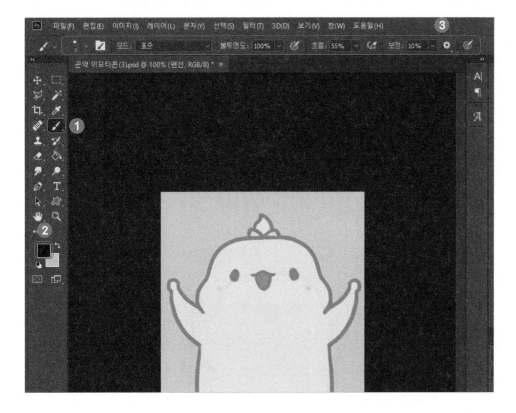

6. 반투명한 프레임을 참고해 다음 동작을 그려 줍니다.
전 프레임에 비해 얼마나 움직이게 할지 생각해 보면서 이어지는 동작을
그려 주세요.

저는 인사하는 동작을 만들려고 팔을 살짝 움직여 그렸어요.

7. 펜 선을 그렸으니 채색을 해야겠죠? ① 을 누른 뒤 새 레이어 이름을
'채색'으로 바꾸고 ② [펜선] 레이어 아래로 내리세요.

8. 182~183쪽에서 배웠던 것을 떠올리며 채색 작업을 합니다.

9. 두 번째 프레임이 완성되었습니다! 똑같이 그룹으로 묶어 줄게요.
❶을 눌러 [그룹 2]를 만들고 ❷ [Shift]를 누른 채 남아 있는 [펜선]과 [채색] 레이어를 선택해 [그룹 2]로 드래그해 줍니다. ❸ 두 번째 프레임이 [그룹 2]로 묶였습니다.

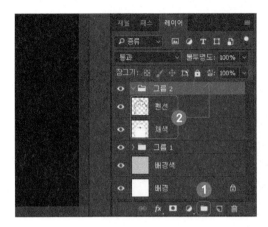

10. 첫 번째 프레임을 보고 두 번째 프레임을 만들었으니, 이제 두 번째 프레임을 보고 세 번째 프레임을 만들어야겠죠! 먼저 작업이 끝난 첫 번째 프레임부터 정리할게요.
❶ [그룹 1]을 클릭하고 ❷ 불투명도를 100%으로 바꿔 준 뒤 ❸ 눈 아이콘을 눌러 숨겨 줍니다.

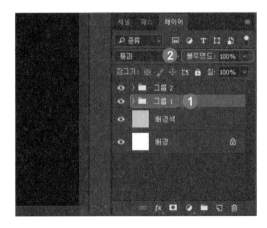

11. ❶ [그룹 2]를 클릭하고 ❷에서 불투명도를 낮추면 두 번째 프레임
이 흐릿해집니다.

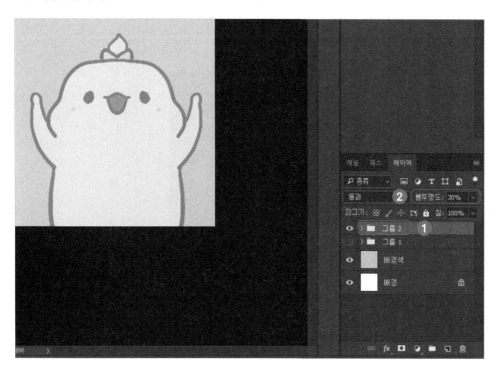

12. 여기서부터는 257쪽 **4**번부터 **11**번 과정까지 내용을 반복하면서 프
레임 전체를 그려 주세요.

13. 모든 프레임을 다 그렸다면 흰 [배경] 레이어만 남기고 ❶을 눌러 나머지 레이어를 전부 숨겨 줍니다.

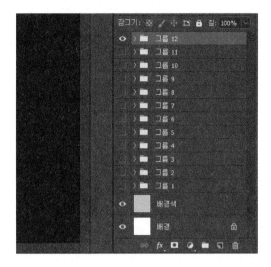

지금부터는 그룹으로 두는 방법과 레이어로 합쳐서 작업하는 방법, 두 가지로 나누어 알아보겠습니다.

방법1 레이어로 합쳐서 작업하는 방법

262쪽에서 그룹으로 둔 채로 작업해 만들어 볼 텐데, 만약 더 이상 수정할 필요가 없어서 레이어로 합치고 싶다면 다음 순서로 따라 해 주세요.

1. 그룹을 클릭하고 Ctrl + E 를 눌러 그룹 안에 있는 레이어들을 하나로 합쳐 주세요.

2. 모든 그룹을 레이어로 바꿨다면, 272쪽으로 넘어가 '하면 된다!} PNG 파일 불러와 GIF 만들기' **7**번 과정부터 따라 하세요.

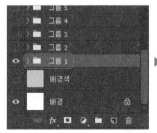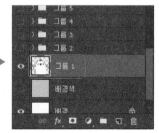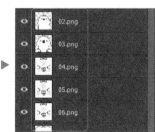

방법 2 **그룹으로 둔 채 작업하는 방법**

그룹으로 둔 채로 작업하면 이후에도 언제든 프레임 속 이모티콘을 수정
할 수 있습니다. 제안이 통과된 후에도 수정해야 할지도 모르니 이 방법
을 추천합니다.

하면 된다! } GIF 파일로 만들기

1. 이모티콘 프레임을 모두 그렸으니 움직이는 시간을 설정해 애니메이
션으로 만들어 보겠습니다. 메뉴에서 ❶ [창 → 타임라인]을 누르세요.

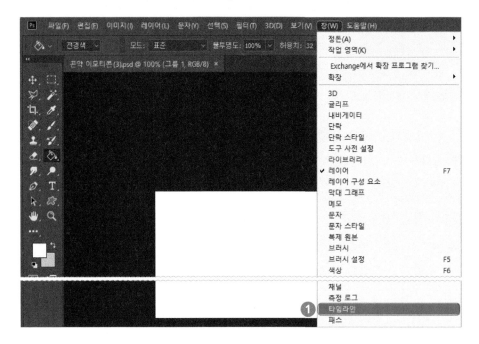

2. 화면 아래쪽에 타임라인 패널이 뜰 거예요.
❶ 화살표를 눌러 ❷ [프레임 애니메이션 만들기]를 선택하세요.

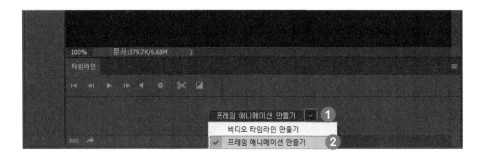

3. 한 번 더 **①** [프레임 애니메이션 만들기]를 눌러 줍니다.

4. 타임라인 모양이 바뀌고 [프레임 1]이 자동으로 나타납니다.
빈 화면인 프레임에 우리가 만든 첫 번째 프레임을 넣어야겠죠?
① [프레임 1]이 선택된 상태에서 **②** [그룹 1]의 눈 아이콘을 눌러 나타나
게 하세요. **③** [프레임 1] 안에 [그룹 1] 이미지가 들어갑니다.

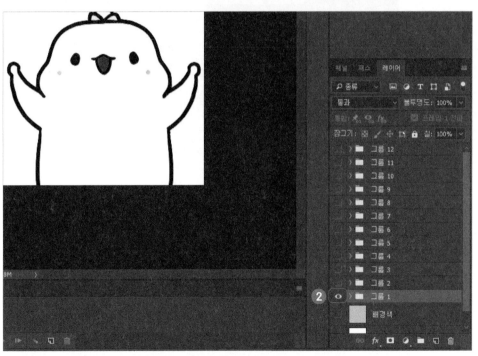

5. 이어서 두 번째 프레임을 만들어 볼까요?

❶을 눌러 새로운 프레임을 만든 뒤 ❷ [그룹 1]의 눈 아이콘을 클릭해
사라지게 하고 ❸ [그룹 2]의 눈 아이콘을 눌러 나타나게 해 주세요. ❹
[프레임 2]에 [그룹 2] 이미지가 들어갑니다.

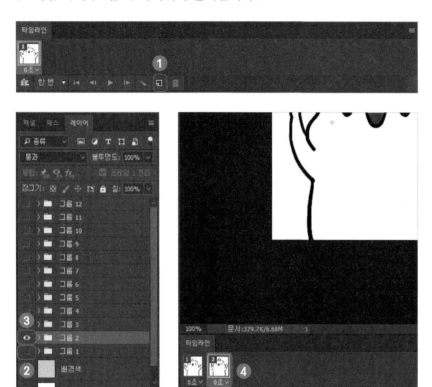

6. 같은 방법으로 그룹 전체를 프레임으로 만들어 줍니다.

7. 프레임별 재생 시간을 지정할 차례입니다.

타임라인에서 프레임 이미지를 선택하고 ❶ [0초]를 클릭하세요. 이곳에서 초 단위 시간을 지정하는데 원하는 시간이 없다면 ❷ [기타]를 누르세요.

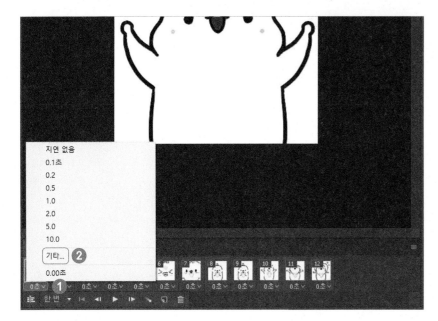

💬 0.01초는 1/100초를 의미합니다.

8. 팝업 창이 뜨면 ❶ 원하는 시간을 입력한 뒤 ❷ [확인] 버튼을 눌러 줍니다.

9. 이어지는 프레임 중에 시간을 동일하게 설정하고 싶은 구간이 있다면, [Shift]를 누른 상태에서 첫 프레임과 마지막 프레임을 클릭하고 시간을 설정하면 됩니다.

따로 떨어진 프레임을 동일한 시간으로 바꾸고 싶다면 [Ctrl]을 누른 상태에서 원하는 프레임을 선택한 뒤 숫자를 눌러 시간을 설정하면 됩니다.

10. [재생] 버튼을 눌러 계속해서 재생해 보면서 시간을 조절하세요.

계속 반복되는 이모티콘이라면 맨 마지막 프레임 시간을 짧게 설정하고, 마지막에 **동작이 마무리되는 이모티콘**이라면 맨 마지막 프레임 시간을 길게 설정하세요.

예를 들어 계속 달리는 이모티콘이라면 동작이 계속 이어지도록 마지막 프레임을 0.1초 정도로 시간을 짧게 설정하는 것이 좋고, 동작이 완결되어 마지막 프레임을 오래 보여 주어야 하는 이모티콘이라면 0.5초 정도로 시간을 길게 설정하는 것이 좋습니다.

11. 이모티콘의 움직임이 몇 번 반복되는지 말해 주는 숫자를 루프 수라 합니다. ❶을 누르고 ❷ [기타]를 누르면 전체 루프 수를 자유롭게 설정할 수 있고, ❸ [계속]을 누르면 무제한으로 반복되는 이모티콘을 만들 수 있습니다.

💬 플랫폼마다 지정하는 루프 수가 다르므로 제작 가이드를 참고해 주세요.

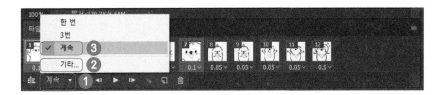

12. 움직이는 이모티콘이 완성되었습니다!
저장하기 위해 ❶ [파일 → 내보내기 → 웹용으로 저장]을 눌러 줍니다.

💬 웹용으로 저장 단축키:
[Alt] + [Shift] + [Ctrl] + [S]

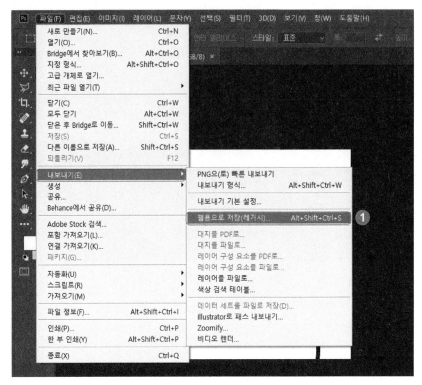

13. 파일 형식을 **①** [GIF]로 설정한 후 **②** 이미지 크기와 애니메이션을 반복하는 루핑 옵션이 제대로 설정되어 있는지 확인한 뒤 **③** [저장] 버튼을 눌러 줍니다.

☞ [투명도] 표시를 제거하면 이미지의 투명한 부분이 사라집니다.

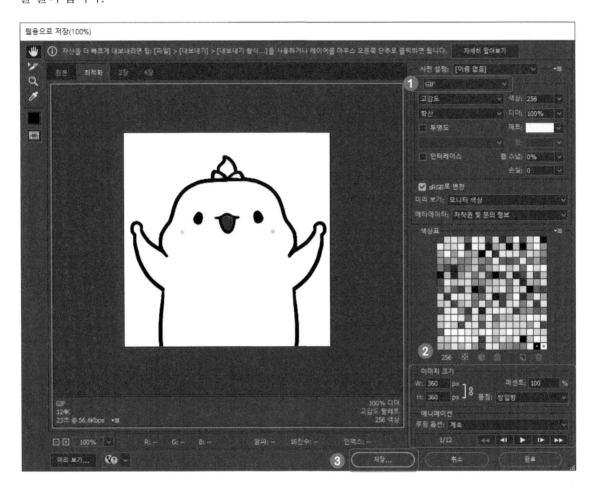

14. **①** 파일 저장 위치를 설정하고 **②** 파일 이름을 입력한 뒤 **③** [저장]을 눌러 주면 이모티콘 파일이 완성됩니다.

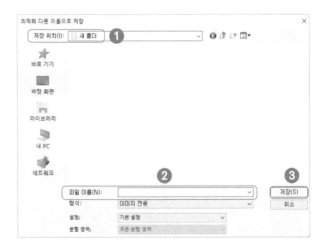

15. 파일을 열어서 제대로 움직이는지 살펴보세요!

하면 된다! ▶ PNG 파일 불러와 GIF 만들기

그림판이나 사이툴에서 움직이는 이모티콘의 프레임을 PNG 파일로 미리 저장해 놨다면 이 방법을 사용해 보세요.

1. 그림판 또는 사이툴에서 만든 PNG 파일을 한 폴더에 전부 넣어 줍니다.

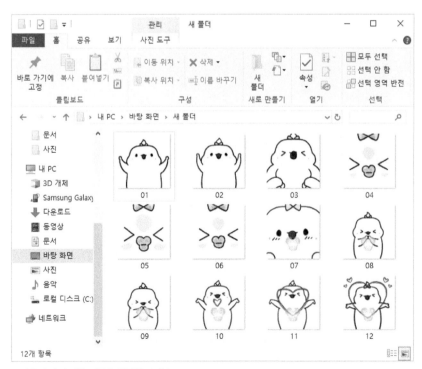

프레임 순서에 맞춰 이름을 변경해 주세요.

2. 포토샵을 실행하고 제작 가이드에 맞는 새 파일을 만듭니다.

① [새 파일]을 누르고 **②**에서 설정한 뒤 **③** [제작]을 눌러 줍니다.

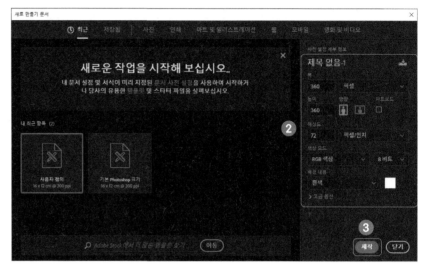

3. ① [파일 → 스크립트 → 스택으로 파일 불러오기]를 눌러 줍니다.

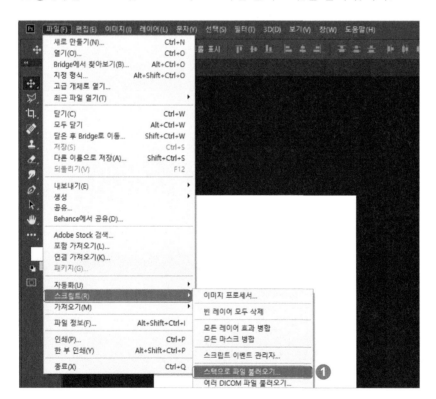

4. 팝업 창이 뜨면 ❶ [폴더]로 변경하고 ❷ [찾아보기]를 누른 뒤 ❸ 레이어가 저장되어 있는 폴더를 선택하고 ❹ [확인] 버튼을 눌러 줍니다.

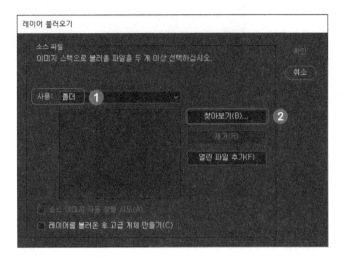
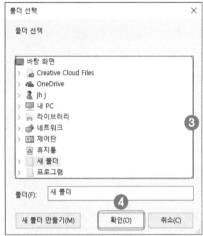

5. ❶에 파일 목록이 뜨면 ❷ [확인] 버튼을 눌러 줍니다.

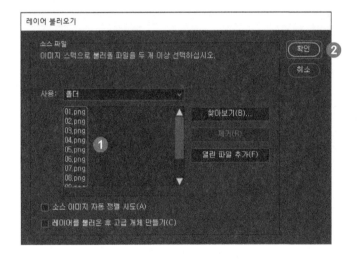

6. 불러오기 작업이 끝날 때까지 잠깐 기다리면 선택한 파일 전체가 레이어로 들어옵니다.

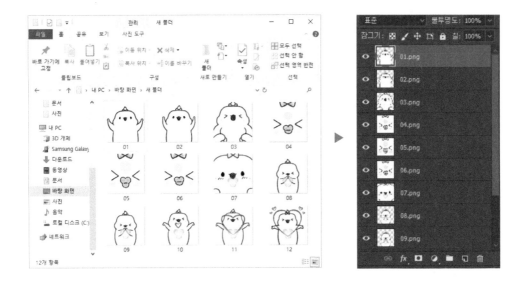

7. 프레임을 모두 가져왔으니 본격적으로 GIF 파일로 만들어 볼까요?
타임라인 오른쪽 윗부분의 ❶ 서브메뉴 아이콘 을 누르고 ❷ [레이어
에서 프레임 만들기]를 선택하세요.

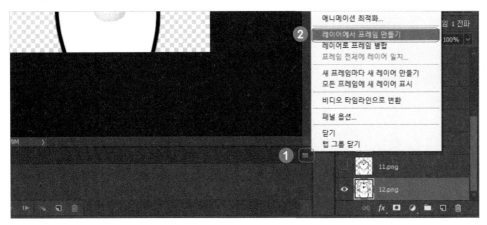

☞ 261쪽의 방법 1로 그룹을 레이어 하나로 합쳐 준 경우에도 이 방법을 사용할 수 있습니다.
☞ 타임라인은 메뉴 바의 [창(W) → 타임라인]으로 열 수 있어요.

8. 모든 프레임이 한번에 타임라인으로 옮겨집니다.

9. 프레임 순서가 반대로 들어갔다면 ❶ 서브메뉴 아이콘▤에서 ❷ [프레임 반전]을 누르세요.

10. 배경색을 넣어서 살펴볼까요?

❶을 눌러 새 레이어를 만들어 준 뒤 ❷ 맨 아래로 옮기세요.

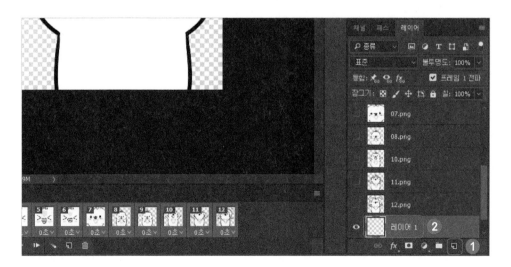

11. ❶ [페인트 통 도구]를 클릭하고 ❷ [전경색 설정]을 눌러 원하는
색상을 선택한 뒤 ❸ 화면을 클릭해 주세요.

12. 타임라인에서 ❶ ⸢Shift⸥를 누른 상태로 첫 프레임과 마지막 프레임을
클릭해 모든 프레임을 선택한 뒤 ❷ 눈 아이콘을 두 번 클릭해 껐다가 켜
주면 모든 레이어에 배경색이 들어갑니다.

13. 이후 과정은 앞에서 한 것과 동일합니다. 265쪽 **7**번 과정부터 따라
해 시간과 루프를 설정하고 GIF 파일로 저장하세요.

14. 파일을 열어서 제대로 움직이는지 살펴보세요!

07-3

아이패드 프로크리에이트로 이모티콘 만들기

아이패드에서 사용할 수 있는 수많은 그림 그리기 앱 중 프로크리에이트 (Procreate)를 가장 추천합니다. 프로크리에이트는 인터페이스가 직관적이라 처음 쓰는 사람들도 사용하기 쉽고 애니메이션 어시스트 기능이 있어 움직이는 이모티콘도 만들 수 있어요. 이모티콘 작가들도 많이 사용하는 앱이에요!

하면 된다! ┨ 프로크리에이트에서 움직이는 이모티콘 만들기

1. 프로크리에이트를 열고 오른쪽 상단에 **①** ⊞를 탭한 뒤 **②** [사용자 지정 캔버스]를 선택합니다. 캔버스 사이즈는 만들고자 하는 이모티콘 플랫폼 가이드에 따라 설정해 주세요. 저는 360 x 360px로 설정하고 **④** [창작]을 눌러 줬습니다.

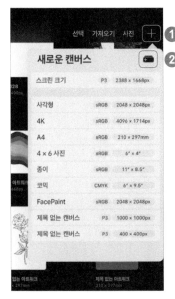

2. ① [동작 → 캔버스 → 애니메이션 어시스트]를 누르면 하단에 ② 애니
메이션 어시스트 타임라인 창이 뜹니다.

3. ① [설정]을 누르고 ② [어니언 스킨 프레임] 숫자를 조정해 주세요.
저는 보통 2로 설정해 앞뒤 프레임을 보면서 작업합니다.

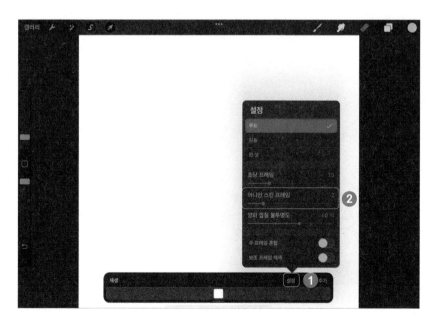

4. 이제 그림을 그릴 차례에요. ❶에서 브러시 모양을 선택하고 ❷ 색상을 고른 뒤 화면에 그림을 그려 줍니다. 채색을 생각해서 선이 끊기는 부분이 없도록 신경써 주세요.

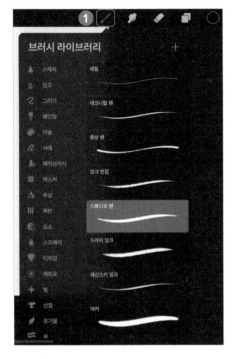

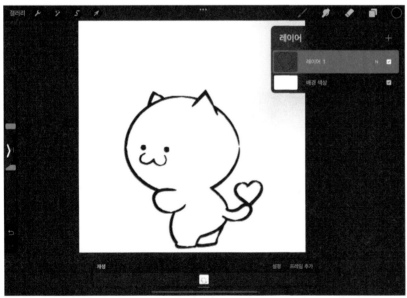

5. 타임라인 상단에 **①** [프레임 추가]를 눌러 주면 **②** 새로운 프레임이 생성되면서 방금 그렸던 그림이 반투명하게 보이는데 이 기능이 바로 [어니언 스킨] 기능입니다.

이전에 그렸던 그림이 보이니 스케치를 더 쉽게 할 수 있겠죠!

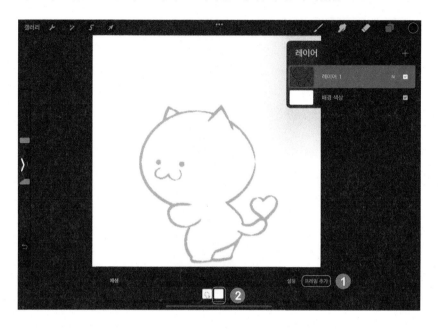

6. 앞서 그린 그림을 참고하면서 두 번째 프레임도 그려보겠습니다. 아까보다 몸을 더 숙인 상태에서 꼬리를 위로 올리고 하트는 높이 날아간 모습으로 그려 줬어요.

7. 같은 방식으로 계속 프레임을 그려 줍니다.

만약 프레임과 프레임 사이에 한 장을 더 그려서 움직임을 더 부드럽게 만들고 싶다면 ❶ 앞 프레임을 선택한 뒤 ❷ [프레임 추가]를 눌러 ❸ 빈 프레임을 만들어 준 뒤 중간에 들어갈 움직임을 그려 주면 됩니다.

8. 모든 프레임의 스케치가 완성했다면 이제 채색을 해야겠죠!

❶ [색상]을 클릭하고 ❷에서 원하는 색상을 고른 뒤 ❶을 누른 상태 그대로 ❸ 칠하고 싶은 부분에 드래그하면 스케치 안에 색을 칠할 수 있습니다. 같은 방법으로 모든 프레임을 채색하고 허전한 부분은 더 꾸며 주면서 프레임을 완성합니다.

9. 외형이 너무 복잡하거나 나중에 수정할 경우를 대비해서 텍스트와 외곽선, 채색, 배경 레이어를 따로 만들고 싶다면 레이어 그룹을 사용하면 됩니다. 먼저 ❶을 눌러 새 레이어를 만들어가면서 그림을 완성시켜 주세요.

10. 그런 다음 그룹으로 묶고 싶은 ❶ 레이어를 선택하고 드래그해서 다른 레이어에 겹쳐 놓으면 ❷ [새로운 그룹]이라는 표시가 뜨면서 레이어가 그룹으로 묶입니다.

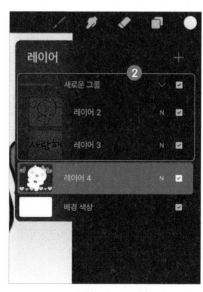

11. 같은 방법으로 여러 개의 레이어를 ① 그룹으로 묶으면 그룹에 묶인 그림 전체가 ② 하나의 프레임 안에 들어갑니다.

12. 프레임 10까지 다 완성하고 타임라인 왼쪽에 있는 ① [재생]을 누르면 만들었던 프레임이 움직이는 모습을 볼 수 있습니다. 움직임이 너무 빨라 보이면 타임라인 오른쪽의 ② [설정]을 눌러 ③ [초당 프레임]을 낮춰 보세요.

13. [동작 → 공유]를 누르고 움직이는 GIF, 움직이는 PNG, 동영상 MP4
중 필요한 형식을 선택해서 움직이는 이모티콘 파일을 저장해 줍니다.

움직이는 이모티콘 컬러 시안 그리기

처음과 끝의 두 프레임, 또는 처음·중간·끝의 세 프레임으로 나눠서 움직이는 이모티콘 컬러 시안을 만들어 보세요.

움직임의 변화를 한눈에 볼 수 있도록 큰 움직임 중심으로 순서대로 그리고 그 밑에 설명을 자세히 적어 줍니다.

예시

❶ 반죽 모습만 크게 나옴	❷ 쿠키 캐릭터가 프레임 안으로 굴러 들어와서 반죽을 몸에 마는 동작	❸ 반죽을 마는 동작이 끝나면 화면이 확대되면서 캐릭터가 손을 흔들며 '잘 자'라는 멘트를 하고 끝남

컬러 시안 1

컬러 시안 2

컬러 시안 3

모두 그려 보았나요?

그렇다면 이제 움직이는 이모티콘이 될 수 있도록 GIF 파일로 만들어 보세요!

방법 1. 포토샵에서 프레임 만들기부터 GIF 파일로 만들기까지 모두 작업 ▶ 255~275쪽

방법 2. 그림판, 사이툴, 포토샵에서 만든 PNG 파일을 포토스케이프를 사용해 GIF 파일로 만들기
　　　　▶ 276쪽

이모티콘이 탄생할 때마다
자식을 얻는 기분이에요

또모 작가

Q 간단한 자기소개 부탁드려요!

A 안녕하세요? 또모입니다. 2013년 1월 첫 작품인 '송송이의 코믹 일상'으로 또모의 이모티콘 이야기가 시작되었습니다. 또모의 대표적인 캐릭터에는 송송이, 햄찌, 벚꽃소녀, 시바코기 등이 있고 감성톡, 물빛 나들이, 포토톡 등으로 다양한 콘텐츠를 시도하고 있습니다. 일부 캐릭터는 피규어나 봉제 인형, 문구류 등으로 생산해 온·오프라인으로 판매하고 있답니다.

Q 많은 캐릭터를 만드셨네요! 그중에서도 가장 인기 있고 아끼는 캐릭터 세 가지만 소개해 주시겠어요?

A 아무래도 2G폰 시절부터 함께 해 온 '송송이'가 첫 아이 같은 마음이라 애정이 많이 가고요. 두 번째는 '헬로펫'이라는 앱에서 첫선을 보인 토실토실한 '햄찌'가 생각나네요. 많은 분들이 햄찌의 치명적인 뒷모습(엉덩이)을 귀여워해 주십니다.
마지막으로 '벚꽃소녀(카카오톡에서는 두근두근)'인데요. 타의 추종을 불허하는 애교스러운 모습에 귀여운 목소리로 말하는 이모티콘이라 일반 이모티콘에서 느낄 수 없는 즐거움이 있어 많은 사람들이 좋아하신 듯합니다.

공손한 송송이. 감사합니다

꿍디 꿍디 햄찌

구경하기

Q 작업할 때 어떤 프로그램을 쓰나요?

A 태블릿을 이용하고 포토샵, 일러스트레이터를 가장 많이 사용합니다.

Q 카카오톡 인기 이모티콘으로 메인에 떴을 때 기분이 어땠나요? 주변 사람들의 반응도 궁금해요.

A 새로운 이모티콘이 태어날 때마다 자식을 얻는 기분이에요. 또모 캐릭터가 인기 이모티콘의 메인으로 올라가면 자식이 우등상을 탄 기분이라고 하면 딱 맞을 것 같습니다. 댓글이나 상품을 보고 정말 귀엽다는 말씀해 주실 때 가장 큰 보람을 느낍니다.

두근두근 심쿵애교

Q 이모티콘을 직접 만들면서 어떤 부분이 가장 재미있었나요?

A 아무 것도 없는 흰 종이에 그린 그림이 이모티콘으로 상품화되기까지는 사실 많은 고민과 시간이 필요해요. 그렇지만 캐릭터 완성도가 높아질수록 그간 겪었던 어려움이 기대감으로 바뀌고, 최종적으로 제안에 채택되어서 출시되면 즉각적으로 반응을 느낄 수 있어요! 이 부분이 이모티콘 제작의 최고 매력입니다.

Q 앞으로의 계획이 궁금해요!

A 기존 캐릭터들은 앞으로도 계속 업그레이드할 예정이고요. 현재도 몇 가지 제품으로 판매되고 있는 송송이, 햄찌, 벚꽃소녀 캐릭터는 피규어나 인형 같은 다양한 제품으로 직접 개발하고 판매할 계획입니다. 아울러 트렌드에 맞춰 새로운 캐릭터도 지속적으로 개발할 예정입니다.

Q 이모티콘 만들기에 도전하는 사람들에게 한마디 부탁드려요.

A 무엇이든 한 번에 되는 것은 없습니다. 수년간 이모티콘을 만들고 있지만 저 또한 제안을 거절당한 경우가 매우 많습니다. 꾸준히 도전해 보세요. 화려한 겉모습도 중요하지만 톡톡 튀는 아이디어가 생명입니다. 사물이나 일상생활을 자세히 관찰해 보세요.

또모 작가

2007년부터 SKT, KTF, LGT 휴대 전화에 많은 배경 화면을 제공해 인기를 끌었다. '햄찌', '송송이', '벚꽃소녀', '시바코기', '꼬뮤', '찰떡토끼', '감성톡', '물빛 나들이' 등 다양한 캐릭터를 출시하였고, 햄찌, 송송이, 벚꽃소녀 제품을 (주)디자인팬트리에서 판매하고 있다.

인터뷰 04

인기 있는 이모티콘 말고
자신의 취향을 따라 만드세요!

정예진 작가

Q 작가님이 만든 대표 이모티콘을 소개해 주세요!

A 메인으로 소개한 '철수와 영희'는 회사에서 공동으로 작업한 이모티콘이에요. 개인적으로 작업한 이모티콘 중에는 '긍정맨 땡구'가 있어요. '철수와 영희'는 교과서에 나올 법한 그림체의 아이들이 독설을 하는 반전 매력을 콘셉트로 잡았고, '긍정맨 땡구'는 긍정적인 메시지가 포인트예요.

긍정공감 만땅! 긍정맨 땡구!

뼈 때리는 팩폭! 철수야, 영희야 놀자!

구경하기

그 외에도 '샬롬 POP', '미술관이 살아있다' 등 콘셉트에 맞게 색감과 그림체를 다양하게 바꿔가며 만들고 있답니다.

Q 한 사람이 작업한 거라고 느껴지지 않을 정도로 그림체가 많이 다르네요! 매번 다르게 만들 수 있는 비결이 무엇인가요?

A 공동 작업 '철수와 영희야 놀자!'의 경우 이미 짜 놓은 계획과 기존에 나와 있는 캐릭터 비율에 맞춰서 그려야 하므로 기존 그림체와 비슷하게 그릴 수 있도록 노력하였습니다. 개인적

으로 작업한 '긍정맨 땡구'를 만들 때에는 제가 나타내고자 하는 콘셉트에 맞는 캐릭터 비율과 선과 색상에 변화를 주어 새로운 느낌의 이모티콘을 완성할 수 있었습니다. 이모티콘을 만들 때 미리 구상해 둔 콘셉트를 다양한 형태와 선과 색상으로 표현하면 다른 느낌의 이모티콘을 연출할 수 있지요.

Q 공동 작업은 어떤 식으로 하나요? 누군가 아이디어를 내고 누군가가 만들고 이런 식으로 하나요?

A 각자 분담해 작업합니다. 아이디어를 내는 사람, 그리는 사람으로 분담하고 시안을 보여 줄 때 수정할 부분이 있는지 같이 검토하는 식으로 이루어집니다. 애니 작업은 보통 일정이 바쁠 때 들어가기 때문에 다 같이 공동으로 하곤 해요.

Q 초보자가 태블릿을 쓸 때 주의할 점이 있을까요?

A 태블릿은 확실히 손 그림이랑 다르니까 초보자라면 일단 손에 익숙해지는 연습을 해야 할 거예요. 그런 다음 선이 처음에 잡았을 때보다 매끄럽게 나오면 그때부터 태블릿으로 얼마든지 자유롭게 표현할 수 있지요.

Q 이모티콘 소재를 어디서 얻나요?

A 광고나 책, 채팅 용어, 인터넷 게시판 등 주변에서 쉽게 볼 수 있는 것들에서 아이디어를 얻고 있어요. 그런 다음엔 이 이모티콘이 개그인지 귀여움인지 힐링인지 등 이모티콘의 방향을 정하고 시작해요. 큰 틀이 정해지면 이모티콘에 맞는 시안이 더 수월하게 나오거든요.

Q 성공하는 이모티콘을 만드는 공식이 무엇이라고 생각하나요?

A 가장 자신 있는 콘셉트로 만드는 것이라고 생각합니다. 인기 있는 이모티콘을 만들고 싶다는 생각보단 자신의 취향에 맞는 이모티콘을 만들겠다는 마음으로 임해야 시안이 더 재밌고 개성 있게 잘 나오고 사람들한테도 사랑을 받을 수 있다고 보거든요. 이모티콘에 대한 애정이 결과적으로도 성공의 지름길이 아닐까요.

정예진 작가
'철수와 영희', '팝아트', '향단이', 'pop'
'조선왕조실록', '미술관이 살아있다' 등
10여 개의 이모티콘을 카카오톡에서 출시했다.
개인 작업으로는 '긍정맨 땡구'가 있다.

누구나 쉽게 만들 수 있습니다.
걱정은 멀리 던져 버리세요!

김학수 작가

Q 작가님이 만드신 대표 이모티콘을 소개해 주세요!

A 삼국지 역사 속의 인물들을 귀엽고 친근하게 표현했고, 버섯 소녀는 머리 형태를 버섯 모양으로 했습니다. 버섯의 머리 부분을 변형하면 재미있을 것 같아서 버섯을 여러 행태로 그려 보다가 양송이버섯이 선택되었지요. 이지스에듀 표지에 자주 등장하는 바빠독(원래 이름은 화이키)은 강아지를 귀엽게 표현해 어렵게 느껴지는 수학, 영어를 친근하게 받아들이도록 만들었습니다.

귀여운 버섯 소녀

구경하기

삼국지 '힙합'

삼국지 '제갈량'

Q 작업할 때 어떤 프로그램을 쓰나요?

A 손 그림으로 스케치를 한 후 검은색 펜으로 확정된 선을 그립니다. 그리고 스캔해서 포토샵에서 색상을 입혀요.

Q 태블릿을 사용하는 분도 많던데 작가님은 손 그림으로 시작하시네요! 손 그림으로 시작하는 특별한 이유가 있나요?

A 연필이나 태블릿도 손을 사용해서 한다는 점은 같습니다. 저는 연필이 주는 느낌이 좋아 손 그림을 애용해요. 지금은 프로크리에이트(Procreate)란 프로그램도 함께 사용해 스케치하고 있습니다.

Q 이모티콘 소재를 어디서 얻는 게 좋을까요?

A 여러분이 관심을 가지는 모든 것이 소재가 될 수 있어요.
또한 소재를 찾는 것만큼이나 그때그때 스케치하거나 메모해 두는 것도 중요하답니다. 예를 들어 반려견이나 반려묘를 관찰하며 귀여운 모습을 포착하면 스케치하거나 사진을 찍어 두세요. 여러 형태로 스케치하면서 재미있는 상상력을 불어넣어 주면 이모티콘이 된답니다. 매일 사용하는 머그컵이나 텀블러도 살아 있는 좋은 이모티콘 소재가 될 수 있어요.
실제로 메신저를 사용하면서 '이런 단어나 문장은 이모티콘으로 있으면 좋겠다.' 하는 것들도 메모해 두면 많은 도움이 됩니다. 친구들과 수다를 떨 때도 아이디어가 떠오르면 바로 적어 두세요!

Q 이모티콘을 만들려는 사람들에게 한마디 부탁드려요.

A 누구나 쉽게 이모티콘을 만들 수 있습니다. 어렵지 않습니다.
'내가 이모티콘을 만들 수 있을까?' 하는 걱정은 멀리 던져 버리세요. 지금 떠오른 생각 하나가 폭발적인 사랑을 받는 이모티콘으로 탄생할 수 있으니까요.
될 때까지 저도 계속 도전하려고요.^^

김학수 작가
이지스퍼블리싱 바빠 시리즈,
길벗 출판사 무작정 따라하기 시리즈,
좋은책 수학 기본서 시리즈, 김영사 3030 영어 시리즈 등
다수의 출판 일러스트레이션을 작업한 프로 일러스트레이터이다.

내가 만든 이모티콘 올리기

★ ★ ★

이제 이모티콘을 올리는 데 필요한 모든 준비를 마쳤습니다.

지금부터는 완성된 이모티콘을 플랫폼에 올리는 방법을 알려드릴게요.

많은 사람들이 처음 이모티콘 제작을 결심했을 때 카카오톡을 가장 먼저 떠올리곤 합니다.

하지만 잘 살펴보면 카카오톡 말고도 다양한 이모티콘 플랫폼이 존재합니다.

플랫폼의 특징과 제작 가이드를 잘 살펴보고 적합한 곳을 선택해 이모티콘을 올려 보세요!

도전! 크리에이터! 이모티콘 올리기 전에 꼭 체크!

08-1

이모티콘 플랫폼 살펴보기

이모티콘 시장이 매년 성장하면서 요즘은 남녀노소 누구나 이모티콘을
자유롭게 올릴 수 있도록 플랫폼의 시스템이 바뀌고 있습니다. 이러한 시
스템 변화로 이모티콘 작가를 꿈꾸는 많은 사람들이 쉽게 도전할 수 있게
되었죠. 하지만 진입 장벽이 낮아진 만큼 경쟁이 치열해진 것도 사실입니
다. 이 경쟁을 뚫고 이모티콘을 출시하려면 각 플랫폼의 특징을 잘 살펴
봐야겠죠?
지금부터 개인이 제안서를 넣을 수 있는 이모티콘 플랫폼을 차례차례 알
아볼게요.

카카오톡 입점 심사

용도 / 지역	카카오톡 메신저, 다음 카페 등 / 한국 기반
승인 난이도	매우 높음 ★★★★★(5/5)
수익	매우 높음 ★★★★★(5/5)

카카오톡은 국민 메신저로 불릴 만큼 우리나라에서 점유율이 가장 높은
메신저입니다. '카카오톡 이모티콘 스튜디오'로 전문 작가뿐만 아니라 일
반인도 간편하게 이모티콘을 제안할 수 있게 되면서 이모티콘 종류가 한
층 더 다채로워졌죠.

최고 승인 난이도
카카오톡은 제안서를 엄격하게 심사해 상품성이 있다고 생각되는 소수의
이모티콘만을 승인합니다. 그러므로 플랫폼 중 최고라고 할 정도로 승인
난이도가 매우 높은 편이에요. 심의에 걸리는 내용도 없고 제작 가이드를

정확히 준수한 이모티콘이라고 해도 내부 심사에서 출시 기준에 미치지 못한다고 판명되면 문제점에 대한 설명 없이 미승인 처리를 받게 됩니다. 심사 기준은 기존 작가에게도 마찬가지로 적용됩니다. 이모티콘 출시 경험이 많은 작가도 수없이 탈락하곤 합니다.

억대 수익성

하지만 저는 이모티콘을 제작할 때 가장 먼저 카카오톡에 도전하라고 말하고 싶어요!

바로 수익성 때문인데요. 카카오톡은 국내 사용자 수가 가장 많은 메신저인 만큼 인기를 얻었을 때 얻는 수익이 매우 높은 편입니다. 이른바 '스타 작가'로 불리는 상위 1% 작가들은 수천만 원에서 억 대의 연봉을 받는다고 할 정도니까요.

카카오톡 이모티콘 스튜디오는 제안 횟수에 제한을 두지 않습니다. 다시 말해 출시에 성공한 이모티콘도 대부분 미승인을 받고도 계속해서 수십 회 도전한 끝에 승인을 얻어 낸 것들이에요. 그러니 탈락할까 봐 두려워하지 말고 계속 도전하길 바랍니다.

라인 입점 심사

용도/지역	라인 메신저 / 일본, 전 세계 기반
승인 난이도	매우 낮음 ★☆☆☆☆(1/5)
수익	격차 심함 ★☆☆☆☆(1/5) / ★★★★★(5/5)

라인은 일본에서 점유율이 높은 메신저로 세계 시장에서 사용되고 있습니다.

B급 감성의 대충 그린 이모티콘부터 실사 이미지나 웹툰, 우리나라에서 보지 못했던 각종 일본 애니메이션 스티커까지 정말 다양한 콘셉트의 이모티콘이 출시되어 있죠.

제작 가이드만 지키면 OK!

'라인 크리에이터스 마켓'에서 누구든 자유롭게 이모티콘을 만들어 심사를 받고 판매할 수 있는데, 승인 난이도가 매우 낮습니다. 제작 가이드를 준수하고 심의에 걸리는 내용이 없다면 이모티콘의 상품성에 대한 심사 없이 빠르게 승인해 주고, 미승인되더라도 어떤 문제로 미승인되었는지 메일로 알려 주므로 그 부분만 고쳐서 재심사를 받을 수 있다는 점도 큰 장점입니다.

반면 승인 기준이 낮은 만큼 하루에도 많은 이모티콘이 쏟아지듯 출시되기 때문에 최신 목록의 위쪽에 떠 있을 수 있는 기간이 매우 짧다는 단점이 있습니다.

카카오톡이 입점하기 위한 경쟁이 심하다면, 라인은 입점 후 경쟁이 심하다고 보면 됩니다. 라인에는 하루에도 수천 개의 이모티콘이 출시되므로 수많은 이모티콘 사이에서 살아남기 위해서는 출시 직후 최신 목록 상단에 떴을 때 구매자의 눈에 띄어 인기 이모티콘 목록에 들어가야 합니다.

수익성은 복불복

가장 사용자가 많은 일본을 중심으로 전 세계 사람들이 사용하는 메신저이므로 한번 크게 인기를 끌면 우리나라를 기반으로 한 카카오톡보다 더 큰 수익을 얻을 수 있습니다. 하지만 처음에 기회를 잡지 못하고 최신 목록 뒤편으로 밀려나면 하루에 1~2개도 팔리지 않을 정도로 격차가 심한 편입니다.

라인은 세계 시장을 상대로 이모티콘을 판매하기 때문에 같은 이모티콘을 각 나라의 언어로 여러 번 출시해야 하는 경우가 생깁니다. 이 과정이 번거롭다면 글자가 없거나 영어가 들어간 이모티콘으로 제작하세요.

네이버 OGQ 마켓 입점 심사

용도/지역	네이버 블로그, 카페, 채팅 등 / 한국 기반
승인 난이도	매우 낮음 ★☆☆☆☆(1/5)
수익	낮은 편 ★☆☆☆☆(1.5/5)

네이버 OGQ 마켓에서 구매한 이모티콘은 네이버 블로그나 카페의 댓글, 채팅에서 사용할 수 있습니다.

높은 수익률
채팅을 위주로 하는 다른 메신저보다 전체 판매 수는 매우 낮은 편이지만 수익 배분율이 작가 70%, 플랫폼 30%이어서 다른 플랫폼보다 콘텐츠 판매로 받을 수 있는 비율이 매우 높은 편입니다. 앞으로 성장이 기대되는 곳입니다.

쉬운 난이도
OGQ 마켓 이모티콘은 승인을 쉽게 받는 편이어서 이모티콘 작업을 처음 시작하는 초보자나 자신이 만든 이모티콘을 블로그에서 사용하고 싶은 분들에게 추천합니다.

OGQ 마켓 이모티콘은 채팅이 주 목적인 다른 메신저들과 달리 블로그 포스팅에서 자주 사용하기 때문에 일반 대화용 이모티콘과는 다르게 접근하는 것이 좋습니다.
예를 들어 맛집이나 제품 리뷰, 여행 등 블로그 포스팅 주제를 떠올려 보고 거기에 어울리는 멘트와 동작을 넣은 스티커를 만들어 준다면 더 재밌는 이모티콘을 만들 수 있을 거예요. 블로그나 카페를 운영한다면 글을 쓰면서 자신이 출시한 이모티콘을 더 홍보할 수 있으니 가벼운 마음으로 도전해 보길 바랍니다.

네이버 밴드 입점 심사

용도/지역	네이버 밴드 댓글, 채팅 등 / 한국 기반
승인 난이도	높은 편 ★★★★☆(4/5)
수익	격차 있음 ★★☆☆☆(2/5) / ★★★★☆(4/5)

네이버 밴드는 동아리, 동호회, 스터디 모임, 가족 모임, 회사 모임 등에서
자주 활용되는 플랫폼입니다. 예전에는 학교 동창을 찾는 기능으로 주로
30~50대에서 인기를 끌다가 요즘에는 수험생이나 회사원을 주축으로 한
주제별 모임이 활성화되면서 10~20대 사용자도 크게 늘었죠.
처음에는 밴드 측에서 작가들을 찾아 출시 제안을 보내는 형식이었지만,
최근에는 제안서를 받아 검토한 뒤 승인된 이모티콘을 판매하는 형식으
로 구조가 바뀌었습니다.

밴드와 어울리는 게 핵심

승인 난이도는 라인, OGQ 마켓보단 높은 편이지만, 제안서에 업로드해
야 할 이모티콘은 움직이는 이모티콘(GIF) 3개, 멈춰 있는 이모티콘(PNG)
5개로 다른 곳보다 적습니다.
이모티콘을 심사할 때에는 밴드 자체 앱과의 어울림을 중요하게 봅니다.
앱 이용자의 나이대가 높다 보니 실험적인 콘셉트의 이모티콘보다는 부
드럽고 착한 느낌의 이모티콘과 캘리그래피 형식의 이모티콘 선호도가
높아요.

무료 이모티콘 재판매 기회

수익은 격차가 있는 편입니다. 처음 입점했을 때 판매 수익은 중간 정도
인데, 이때 판매 실적이 좋아 오랫동안 상위권을 지키던 몇몇 작가들에게
는 일정 기간 무료 이모티콘으로 재판매할 수 있는 기회가 제공됩니다.
무료 이모티콘은 다운로드 수에 비례해 수익을 얻을 수 있기 때문에 같은
이모티콘으로 좀 더 높은 수익을 낼 수 있습니다.

플랫폼별 이모티콘 제작 특징 비교

이번에는 각 플랫폼 이모티콘을 제작할 때 알아 두어야 할 기본 정보를 정리하여 보여드릴게요.

	카카오톡	라인	네이버 OGQ 마켓	네이버 밴드
컷 수	• 멈춰 있는 이모티콘: 32컷 • 움직이는 이모티콘: 24컷 • 큰 이모티콘: 16컷	• 멈춰 있는 이모티콘: 8/16/24/32/40컷 • 움직이는 이모티콘: 8/16/24컷	• 멈춰 있는 이모티콘: 24컷 • 움직이는 이모티콘: 24컷	• 멈춰 있는 이모티콘: 32컷 • 움직이는 이모티콘: 24컷
가격	• 2,500원 • 사운드콘: 3,300원 • 큰 이모티콘: 3,750원	1,200원/2,500원/3,900원/4,900원/5,900원	• 멈춰 있는 이모티콘: 1,000원/1,500원/2,000원 • 움직이는 이모티콘: 2,200원/2,750원/3,300원	2,500원
제작 자유도	자유도 낮음 ★☆☆☆☆(1/5)	자유도 높음 ★★★★★(5/5)	자유도 높은 편 ★★★☆☆(3/5)	자유도 낮음 ★☆☆☆☆(1/5)
심사 이후 출시까지 걸리는 기간	매우 김 ★★★★★(5/5)	짧은 편 ★★☆☆☆(2/5)	매우 짧음 ★☆☆☆☆(1/5)	긴 편 ★★★☆☆(3/5)

플랫폼의 사정에 따라 변경될 수 있습니다. 제작하기 전에 꼭 제작 가이드를 확인해 주세요.

카카오톡은 한 세트당 이모티콘 컷 수와 판매 가격이 정해져 있습니다. 그리고 심사를 통과한 뒤에도 수정을 여러 번 거쳐 출시 대기 기간을 지나야 입점할 수 있는데, 이 기간이 대략 3~6개월 이상으로 플랫폼 중에서는 가장 깁니다.

라인은 이모티콘 제작 시 자유도가 높은 편으로 적게는 8컷의 이모티콘만으로도 한 세트를 꾸려 출시할 수 있습니다. 가격대 역시 낮게는 1,200원에서 최고 5,900원으로 자유롭게 선택할 수 있습니다. 제안을 보내고 대략 2주 정도가 지나면 승인 여부를 알려 주는 메일이 도착하는데, 승인되면 대기 기간 없이 곧바로 출시할 수 있습니다.

네이버 OGQ 마켓은 이모티콘 컷 수가 정해져 있지만 가격대는 세 가지 중에서 선택할 수 있으며 제안을 보내면 1~2주 내로 승인 여부를 알려 주는 메일이 도착합니다. 승인 받은 후에 바로 출시할 수 있도록 설정해 둘 수도 있습니다.

네이버 밴드는 한 세트당 이모티콘 컷 수와 판매 가격이 정해져 있고 심사 이후 출시까지 2개월에서 그 이상 걸립니다.

지금까지 나열한 특징은 책을 집필하는 시점 기준에서 저자의 경험을 기반으로 작성되었습니다. 플랫폼의 사정에 따라 제작 자유도와 제작 기간이 언제든지 달라질 수 있으니 참고만 하고 자세한 사항은 꼭 각 사이트에 들어가 제작 가이드를 확인해 주시기 바랍니다.

제안 전략 세우기

이모티콘을 제안할 때도 전략이 필요합니다.

우선 이모티콘 작가에게 가장 중요한 점은 수익률일 거예요. 일단 이모티콘이 출시된다고 가정했을 때, **가장 많은 수익을 얻을 수 있는 플랫폼은 카카오톡**입니다. 메신저 사용자가 가장 많아서 이모티콘이 나왔을 때 주변에 홍보하기도 쉽고 그만큼 입소문이 나서 수입으로 이어지는 것도 쉬우니까요.

치열한 경쟁을 뚫지 못하고 이모티콘이 미승인되었을 땐 포기하지 말고 수정해서 재도전하거나 다른 플랫폼에 도전해 보길 바랍니다. 사용자가 많아지고 있는 밴드도 좋고 심사 기준이 까다롭지 않아 초보자들이 출시하기에 좋은 라인이나 OGQ 마켓에 먼저 출시해 반응을 살펴보면서 이모티콘을 재정비하고 실력을 키워 나가는 것도 좋은 방법입니다.

보통 플랫폼 한 곳에서 승인되면 완전히 동일한 이모티콘을 다른 플랫폼에 제안할 수 없습니다. 같은 캐릭터로 다른 자세, 다른 감정 표현의 이모티콘을 내는 건 상관없고요!

라인에서 크게 인기를 얻은 후 카카오톡에서 그대로 언어만 바꿔서 판매하는 등 특이한 경우도 가끔 있는데, 이런 경우에는 플랫폼과 작가 간의 의견 조율을 했을 것입니다. 아직 인지도가 없는 첫 창작 캐릭터일 경우에는 **똑같은 이모티콘을 두 곳에서 판매할 수 없으니 주의하세요!**

그래서 저는 보통 동시에 제안하지 않고 승인 심사가 까다로운 곳부터 먼저 제안서를 보내고 미승인되면 승인을 쉽게 받을 수 있는 곳에 제안하는 식으로 순서를 정해서 합니다.

여러분도 각 플랫폼의 특징을 참고하면서 제안 순서를 정해 보세요.

08-2

카카오톡에 올리기

하면 된다! 〉 카카오톡 이모티콘 스튜디오에 올리기

1. 먼저 카카오톡 이모티콘 스튜디오(https://emoticonstudio.kakao.com/)에 접속한 뒤 [제안 시작하기]를 눌러 줍니다.

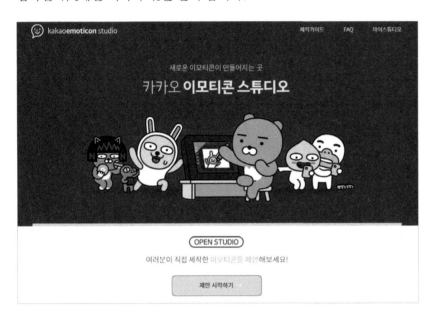

2. ❶ 회원 가입을 하거나 기존에 있던 카카오 계정을 입력하고 ❷ [로그인]을 눌러 줍니다. 그런 다음 절차를 따라 카카오 이모티콘 스튜디오 계정으로 등록하세요.

3. ❶ [제안가이드]를 눌러 가이드를 잘 지켰는지 확인하고 ❷ '멈춰 있는 이모티콘', '움직이는 이모티콘', '큰이모티콘' 중 하나를 고른 뒤 [제안하기]를 눌러 줍니다.

4. 신규 제안서가 뜨면 빈칸을 차례대로 입력합니다. 이모티콘 심사에 도움이 되는 참고 자료가 있다면 [찾아보기]를 눌러 20MB 미만, ZIP 파일로 올려 주세요.

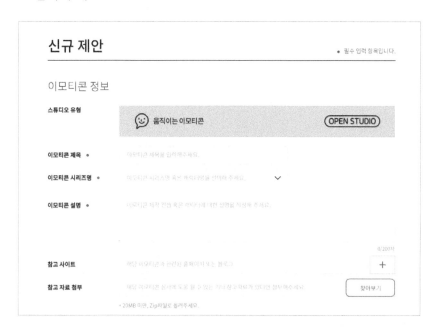

5. 스크롤을 아래로 내리면 이모티콘 시안을 첨부할 수 있는 공간이 나옵니다. 숫자 칸에 마우스 포인터를 가져간 뒤 ❶ [찾아보기] 버튼을 눌러 이모티콘 파일을 업로드하세요.
이미지 형식에 맞춰 24개 전체를 같은 방식으로 업로드합니다.

6. 한번 업로드하면 수정할 수 없으니 마지막으로 다시 한 번 ❶ 제작 가이드를 확인합니다. 최종 확인이 끝난 뒤 화면 스크롤을 끝까지 내려 ❷ [제출하기] 버튼을 눌러 주세요.

7. 이모티콘 제안을 완료하면 2~4주 후 화면 오른쪽 위에 있는 ❶ [마이 스튜디오] → [제안 목록]에서 승인, 미승인 여부를 확인할 수 있습니다.

제안번호	제안상태	스튜디오 유형	이모티콘 제목	이모티콘 시리즈명	제안일
	승인	오픈스튜디오 움직이는 이모티콘			
	미승인	오픈스튜디오 움직이는 이모티콘			

08-3

라인 크리에이터스 마켓에 올리기

라인(LINE)에서 이모티콘을 판매하려면 다음과 같은 단계를 거쳐야 합니다.

페이팔
등록하기 ▶ 한국 계좌
등록하기 ▶ 라인 앱
가입하기 ▶ 이모티콘 제안서
보내기 ▶ 세금 관련 서류
우편으로 보내기

이 책에서는 이모티콘 만들기에 집중하므로 '이모티콘 제안서 보내기'만
설명해 드리겠습니다. 페이팔과 관련한 내용은 이지스퍼블리싱 홈페이지
의 [자료실]에서 PDF를 다운받아 보세요.

하면 된다! ⟩ 라인 크리에이터스 마켓에 올리기

1. 라인 크리에이터스 마켓(https://creator.line.me/ko/)에 접속한 뒤 [등록
하기]를 눌러 줍니다.

2. 라인 계정으로 로그인한 후 절차를 따라 크리에이터로 등록합니다.

3. ❶ [New Submission]을 클릭하고 ❷ [Sticker]를 눌러 줍니다.

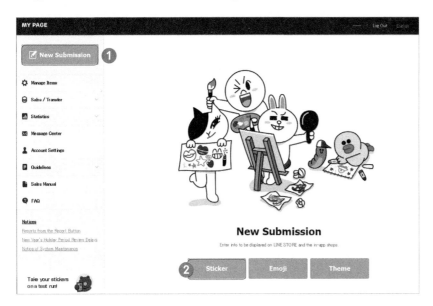

4. 스티커 정보를 입력합니다. 한국어 설명을 추가하고 싶다면 [Add Languages] 오른쪽의 [Add]를 눌러 주세요.

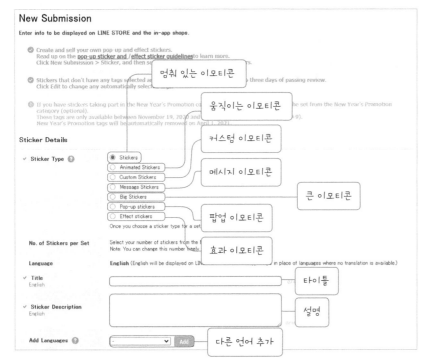

🖂 라인에 다양한 형태의 이모티콘 스티커가 추가되었습니다.

- **Stickers** : 멈춰 있는 이모티콘
- **Animated Stickers** : 움직이는 이모티콘
- **Custom Stickers** : 미리 설정된 캡션에 사용자 지정 텍스트 입력
- **Message Stickers** : 미리 설정된 텍스트 영역에 사용자 지정 메시지 입력(최대 100자)
- **Big Stickers** : 일반 이모티콘보다 큰 이모티콘
- **Pop-up Stickers** : 전체 채팅 화면에 애니메이션을 표시
- **Effect Stickers** : 채팅 배경에 애니메이션을 표시

5. 상품 상세 사항을 적어 주세요.

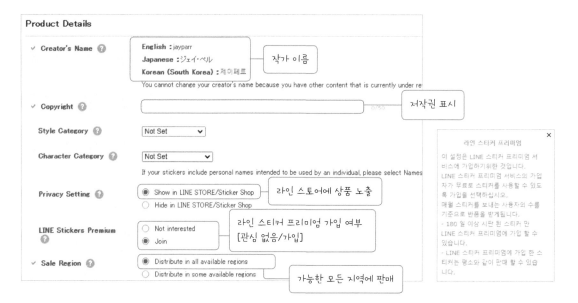

6. 저작권 관련 내용을 적어 주세요. 다 적은 뒤에는 ❶ [Save]를 눌러 줍니다.

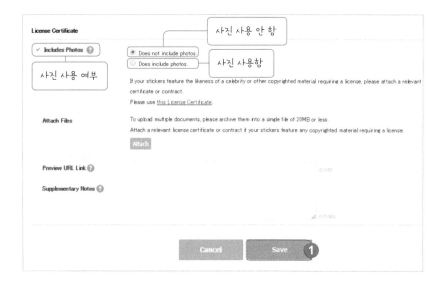

작가 이름

타이틀

설명

가격

저작권 표시

실제로 출시되었을 때 나타나는 정보

7. 다음 탭인 ❶ [Sticker Images]를 클릭하고 ❷ [Edit]를 눌러 줍니다.

8. 한 세트에 들어갈 이모티콘 개수에 따라 칸 수가 바뀝니다. 칸을 하나씩 눌러 이미지를 업로드하거나 [Upload ZIP File]을 눌러 ZIP 파일로 한꺼번에 업로드해 주세요.

다 업로드한 후엔 하단에서 [Back] 버튼을 눌러 줍니다.

▷ 각 파일 이름을 알맞게 수정한 뒤 (예: main, tab, 01~08) ZIP 파일로 압축해야 [Upload ZIP File]로 한 번에 불러올 수 있습니다.

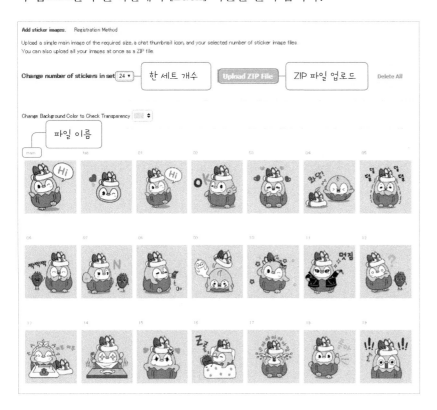

9. 다음 탭인 ❶ [Tag Settings]를 누르고 이모티콘에 어울리는 태그를 달아 줍니다.

자동 태그 기능이 생겨 이모티콘을 제출하면 자동으로 태그가 설정되므로 꼭 설정하고 싶은 이모티콘만 골라서 태그를 지정하면 됩니다. 원하는 이모티콘 오른쪽에 있는 [Edit]를 누르세요.

10. ❶ 원하는 이모티콘에 태그를 지정했으면 ❷ [Save]를 눌러 주세요.

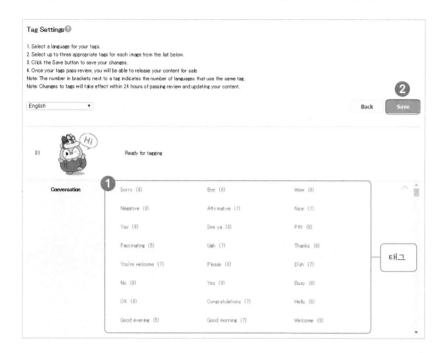

여기서 설정된 태그는 라인 대화 창에 단어를 입력했을 때 그 단어
에 맞는 태그의 이모티콘을 보여 주는 용도로 사용됩니다.

'안녕'이라고 입력했을 때 태그가 [#안녕]
인 이모티콘이 나타나는 모습

11. 화면 왼쪽을 보면 이모티콘을 테스트해 볼 수 있는 기능이 있습니다.
❶ 이 버튼을 누르면 제안서를 제출하기 전에 ❷ 가상 채팅 창에서 이모티콘을 사용해 볼 수 있습니다.

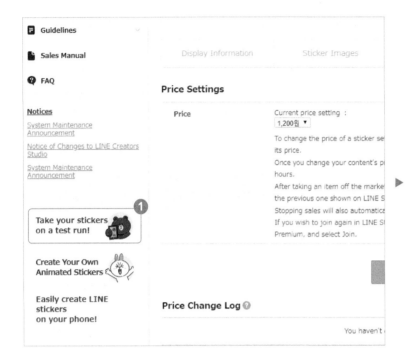

가상 채팅 창 화면

12. 다음 탭인 ❶ [Price Tier]를 클릭해 ❷ 가격을 선택하고 ❸ [Save]를 눌러 주세요. 모든 설정이 끝났다면 ❹ [Request]를 눌러 제출합니다.

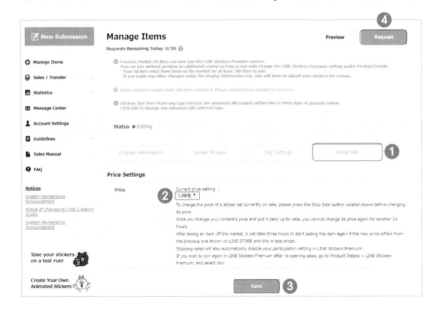

13. 저작권에 위배되지 않는지, 이미지 배경이 투명으로 처리되었는지, 태그 선택이 잘 되어 있는지 확인하라는 문구와 약관 동의에 대한 내용이 나옵니다. ❶ [I Agree]에 체크 표시하고 ❷ [OK]를 눌러 주세요.

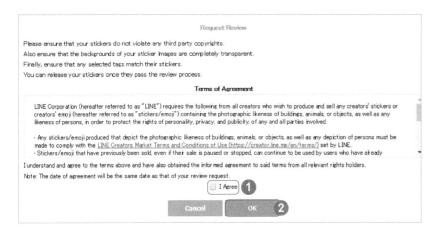

14. 노란색 원과 함께 [Waiting for Review]라고 뜨면 정상적으로 제출되어 심사를 기다리는 상태입니다. 며칠 기다리면 결과를 메일로 받을 수 있습니다.

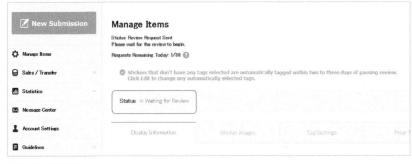

승인 대기 중인 화면

승인되면 노란색 원이 파란색으로 바뀌고 [Approved]가 뜹니다.

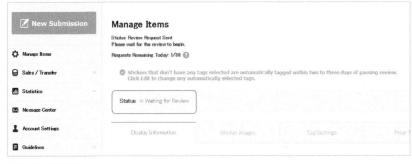

승인 표시된 화면

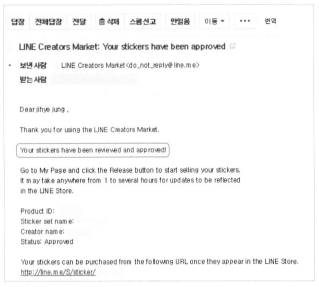

이모티콘 승인을 알리는 메일

08-4

네이버 OGQ 마켓에 올리기

하면 된다! ▶ 네이버 OGQ 마켓에 올리기

1. ① OGQ 크리에이터 스튜디오(https://creators.ogq.me)에 접속한 뒤 SNS 계정으로 로그인을 눌러 회원가입을 합니다.

2. 판매자 정보가 없으면 이모티콘을 업로드할 수 없습니다. ① [크리에이터 정보 입력]을 눌러 정보를 입력한 후 ② [콘텐츠 업로드]를 클릭합니다.

3. [애니메이션 스티커]와 [스티커] 중 하나를 고릅니다.

☺ 네이버 OGQ 마켓에서는 움직이는 이모티콘을 '애니메이션 스티커', 멈춰 있는 이모티콘을 '스티커'라고 부릅니다.

☺ [스티커]로 만들면 네이버와 아프리카 tv에서 동시에 판매할 수 있습니다. 이모티콘 세트 하나로 양쪽 마켓에서 수익을 얻을 수 있죠.

4. 애니메이션 스티커 업로드 옆의 ❶ 아이콘을 누르면 [제작 가이드]를 볼 수 있습니다.

애니메이션 스티커 제작 가이드 화면

5. ❶을 눌러 대표 이미지를 업로드하고 ❷에 이모티콘 제목과 설명을 써 줍니다. ❸ 태그에는 #을 붙인 후 이모티콘의 특징을 적어 주세요. [# 동물, #곰, #귀여움]과 같이 검색이 잘 되도록 적어도 3개 이상 적는 것을 추천합니다. ❹ 가격은 세 가지 중 원하는 가격으로 선택할 수 있습니다.

💬 애니메이션 스티커와 일반 스티커 가격이 다릅니다.

6. 스크롤을 내려 ❶ [스티커 이미지 업로드]와 ❷ [탭 목록 이미지 업로드]를 눌러 이미지를 업로드합니다. 심사 중엔 수정할 수 없으므로 마지막으로 전체 확인을 한 뒤 ❸ [업로드 하기]를 눌러 줍니다.

08-5

네이버 밴드에 올리기

하면 된다! ⑂ 네이버 밴드(BAND) 스티커 샵에 올리기

1. 네이버 밴드 스티커 샵(https://partners.band.us/partners/sticker)에 접속한 뒤 [스티커 제휴 제안하기]를 눌러 줍니다.

🖭 네이버 밴드는 제안서에 업로드해야 할 이모티콘 개수가 움직이는 이모티콘(GIF) 3개, 멈춰 있는 이모티콘(PNG) 5개로 다른 플랫폼보다 적습니다.

2. ① 스티커 타입에서 [애니메이션 스티커]와 [스틸 스티커] 중 하나를 골라 준 뒤 ② 제목에 스티커 이름을 적어 줍니다. ③ [스티커 설명]에는 스티커 제목과 캐릭터에 대한 설명, 추구하는 콘셉트 등을 적어 줍니다.

🖭 네이버 밴드에서는 움직이는 이모티콘을 '애니메이션 스티커', 멈춰 있는 이모티콘을 '스틸 스티커'라고 부릅니다.

3. 아래로 스크롤해 파일 첨부에서 ☐를 눌러 움직이는 시안(GIF) 3종, 멈춰 있는 시안(PNG) 5종을 추가합니다. 스티커 심사에 도움이 될 만한 참고 자료가 있다면 [찾아보기]를 눌러 첨부해 주세요.

4. ① 제안자에 자신의 이름, 전화 번호, 이메일을 입력한 뒤 ② 동의 버튼에 체크 표시하고 ③ [제휴제안 보내기]를 눌러 줍니다.
승인 결과는 몇 주 뒤 메일로 받을 수 있습니다.

08-6

이모티콘 올린 이후 과정 알아보기

내 이모티콘이 미승인되었을 때

이모티콘을 만들다 보면 미승인 메일을 수없이 받게 됩니다. 몇 달을 공들여 디자인하고 만들어 보낸 이모티콘이 몇 주 만에 미승인 메시지로 돌아오면 정말 실망스럽고 의욕이 떨어지죠. 가장 힘든 점은 미승인되었을 때 탈락한 이유를 알지 못한 채 아무런 힌트도 없이 다음 제안서를 만들어야 한다는 것입니다.

카카오톡 미승인 메일 내용

최근 카카오톡 인터뷰 기사에 따르면 "이모티콘 제안서는 대중성, 차별성, 기획력, 표현력 위주로 내부 기준에 따라 심사하며 창작자의 크리에이티브를 존중하며 다양한 제안을 수용할 수 있도록 구체적인 심사 기준을 별도로 공개하지 않는다."고 합니다.

> **Q. 누구나 이모티콘을 제안할 수 있게 되면서 승인 기준에 대해 궁금증이 많아졌다. 승인 기준이 따로 있는가?**
>
> 이모티콘 스튜디오를 통해 이모티콘을 제안할 수 있고, 심사에 통과하면 상품화 과정을 거쳐 이용자들에게 판매된다. 대중성, 차별성, 기획력, 표현력 위주로 내부 기준에 따라 심사하며 창작자의 크리에이티브를 존중하며 다양한 제안을 수용할 수 있도록 구체적인 심사 기준을 별도로 공개하고 있지는 않다. 유명 캐릭터 및 일반 작가 이모티콘 모두 동일 기준에서 평가된다.

그러니 미승인되었을 때는 '내 이모티콘이 **대중성, 차별성, 기획력, 표현력** 중 어느 부분이 부족해서 떨어졌을까?'를 한번 고민해 보고 그 부분을 고쳐서 다시 한 번 도전해 보세요. 제안서를 제출할 때에는 캐릭터에 대한 자세한 설명과 스토리를 짜서 참고 자료로 첨부해 보기도 하고, 인터넷이나 개인 SNS로 홍보도 해 보면서 내 이모티콘을 최대한 어필하는 것도 좋은 방법입니다.

한두 번 떨어졌다고 해서 바로 포기하면 이모티콘 작가는 될 수 없습니다. 제안서를 넣는 데 횟수 제한은 없으니 실패하더라도 계속해서 도전해 보세요!

내 이모티콘이 승인되었을 때

우선 정말 축하드립니다! 쟁쟁한 경쟁률을 뚫고 이모티콘 작가가 되기 위한 첫걸음을 내딛게 되었어요.

카카오톡 승인 메일 내용

제출했던 이모티콘 제안서가 승인되었다면 이제 상품화하기 위한 단계를 밟게 됩니다. 예시로 절차가 많은 카카오톡 상품화 과정을 간단하게 정리해 봤습니다.

컬러 시안 제작 ▶ 애니 시안 제작 ▶ 최종 파일 제작 ▶ 이모티콘 출시

멈춰 있는 이모티콘이라면 두 번째 과정은 건너뛰고 다음 단계로 바로 넘어갑니다.

이모티콘이 승인되면 담당자의 안내를 받으며 계약을 하고 제작 과정을 소개받게 됩니다.
이모티콘을 제작할 때는 먼저 **컬러 시안**을 만들어 확인받고, 수정을 거쳐 **애니 시안**을 제작한 뒤, 이모티콘 샵에 입점하는 데 필요한 최종 파일을 제작합니다. 이 과정을 마치면 이모티콘을 출시하기 위한 모든 준비가 끝납니다.
자세한 제작 사항은 승인 이후 해당 플랫폼에서 제공하는 가이드를 따라야 합니다. 이 책에서는 관련 용어를 살펴볼게요.

컬러 시안

이모티콘이 승인되면 가장 먼저 '컬러 시안'을 만들어야 합니다. 내가 만들고 싶은 이모티콘을 계획하는 단계라고 생각하면 돼요.

💬 컬러 시안 양식은 플랫폼 사정에 따라 달라질 수 있으니 제작하기 전에 확인해 주세요.

컬러 시안 양식 예시

컬러 시안만 보고도 앞으로 이모티콘을 어떻게 제작할 계획인지 이해할 수 있도록 그림과 설명을 적으면 됩니다. 움직이는 이모티콘의 경우에는 움직이는 과정에 대해서도 자세히 설명해 주세요.

애니 시안

움직이는 이모티콘을 제작하기로 했다면 컬러 시안 통과 후 애니 시안을 만들어야 합니다.

이미지 사이즈와 루프 횟수, 이모티콘 1개당 최대 프레임 수를 잘 확인한 뒤 컬러 시안에서 썼던 설명 그대로 만들어 주세요. 애니 시안은 플랫폼마다 제작 방법과 파일 형식이 다르니 가이드에 맞춰 작업해야 합니다.

플랫폼	파일 형식
카카오톡	WEBP
라인, 네이버 밴드	APNG
네이버 OGQ 마켓	GIF

최종 파일

애니 시안까지 통과되었다면 마지막으로 최종 파일을 만들 차례입니다.

최종 파일에는 이모티콘, 아이콘, 타이틀, 선물 이미지 등 이모티콘이 상품화되었을 때 필요한 이미지들이 모두 포함됩니다. 최종 파일 역시 플랫폼에 따라 구성이 조금씩 다른데요. 카카오톡을 예시로 간단하게 설명해 보겠습니다.

❶ **이모티콘**: 실제 채팅 창에서 보이는 이미지입니다. 한 세트를 만듭니다.

❷ **키보드 섬네일**: 이모티콘을 구입한 후 채팅 창에서 사용하기 전에 목록으로 나타나는 이미지입니다.

❸ **키보드 하단 탭 아이콘**: 구입한 이모티콘 목록에 나타나는 아이콘입니다. 키보드 영역에 나타나며 선택했을 때는 컬러로, 선택하지 않았을 때는 흑백으로 나타납니다.

❹ **앱, 웹 이모티콘 샵 목록 타이틀**: 이모티콘 샵에서 이모티콘 목록으로 노출되는 이미지입니다. 24개 이모티콘 이미지 중에서 해당 이모티콘을 대표하는 이미지를 선택하며, 이모티콘의 문자까지 보이면 복잡해 보이므로 노출되지 않는 것이 좋습니다.

❺ **앱 이모티콘 샵 상세 타이틀**: 앱 이모티콘 샵 상단에 뜨는 타이틀 이미지로 ❹와 같은 이미지를 사용합니다.

❻ **웹 이모티콘 샵 상세 타이틀**: 웹 이모티콘 샵 상단에 뜨는 타이틀 이미지로 ❹와 같은 이미지를 사용합니다.

❼ **선물 이미지**: 이모티콘을 상대방에게 선물할 때 나타나는 이미지로, 개별 아이템 배치는 섬네일 이미지와 동일하게 넣어야 합니다.

❽ **정보**: 이모티콘 최종 파일을 만들 때는 작가, 캐릭터, 상품의 한글 이름과 영어 이름이 필요합니다.

예시)

구분	캐릭터 이름	상품 이름
한글	쪼꼬미	귀여운 쪼꼬미 커플
영어	jjoggomi	Cute Couple jjoggomi

최종 파일을 등록한 후 수정까지 완료되면 플랫폼에서 **기기 테스트**를 해야 합니다. 기기 테스트에서 수정 사항이 생긴다면 다시 수정 요청이 들어오고, 그렇지 않다면 아이템 제작 완료 날짜를 기준으로 대기 기간을 거쳐 이모티콘 샵에 출시됩니다.

이모티콘 출시 이후

이모티콘 제작이 완료되면 대기 기간을 가진 후 이모티콘 샵에 등록됩니다. 출시 날짜는 담당자가 알려 줄 거예요.

홍보/마케팅

이제 우리가 할 일은 출시된 이모티콘을 열심히 홍보하는 것입니다. 이모티콘이 처음 출시되면 최신 목록 상단에 뜨는데, 이때 이모티콘 판매율이 높아서 인기 목록 상단에 오래 남아 있어야 구매자의 시선을 끌어 더 많은 수익을 얻을 수 있어요. 출시 날부터 주변에 공유나 선물로 메시지를 보내 홍보하고 SNS에서 내 이모티콘을 선물로 주는 이벤트를 열어 알리는 것도 좋은 방법입니다.

수익

매출의 순수익은 플랫폼 결제 서비스와 작가가 계약서로 합의한 비율로 나눠서 정산됩니다.

플랫폼마다 비율이 조금씩 다르기 때문에 자세히 밝힐 수는 없지만 작가는 대략 총 판매 금액의 30% 내외를 받습니다. 2,000원대 이모티콘 하나가 판매되었다고 가정하면 작가에게는 600~700원의 수익이 들어오는 거죠. 수익 배분율이나 정산 날짜는 계약할 때 자세하게 안내해 줍니다.

후속작 기획

이모티콘을 출시해서 인기를 얻었다면 같은 캐릭터로 시리즈물을 제작해 보는 걸 추천합니다. 1탄을 구매한 사람은 2탄, 3탄이 나왔을 때 계속해서 구매하는 경우가 많기 때문이에요.

💬 커플 콘셉트로 동시에 출시되었기 때문에 커플끼리 서로 주고받으며 사용할 수 있도록 스토리가 이어지는 이모티콘을 그렸습니다.

네이버 밴드 이모티콘 '쪼꼬미 시리즈'

제 경우엔 네이버 밴드에 '귀엽고 깜찍하게 쪼꼬미!' 이모티콘을 먼저 출시한 뒤 반응이 좋아서 커플 콘셉트로 '귀여워! 쪼꼬미 미니'와 '사랑해! 쪼꼬미 주니' 시리즈를 동시에 출시하게 되었습니다. 이 시리즈도 1탄에 이어 일정 기간 동안 무료로 사용할 수 있는 스페셜 이모티콘으로 재판매되고 있죠.

크리스마스 콘셉트의 시리즈 이모티콘

계속해서 시리즈물이 나오면 고정 팬이 생기고 인지도가 올라가 수익에 더 많은 도움이 됩니다. 후속작도 계속해서 인기를 끌면 플랫폼의 제안을 받아 크리스마스나 설날 이벤트 세트 같은 시즌 상품을 제작하기도 하고 제품 업체와 협력해 캐릭터 상품을 제작하기도 합니다. 한번 유명세를 타면 정말 다양한 분야에서 활약할 수 있어요.

아직 늦지 않았으니 지금부터라도 연필을 들고 이모티콘을 그려 보세요. 누구든 이모티콘 작가가 될 수 있습니다!

이모티콘 올리기 전에 꼭 체크!

① 이모티콘을 올리기 전에 다음 내용을 지켰는지 다시 한 번 체크해 보세요.

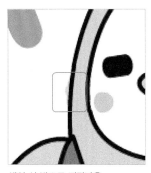 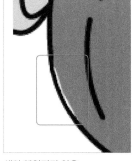 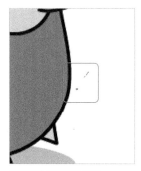

색이 선 밖으로 삐져나옴   색이 채워지지 않음   잔여물이 제거되지 않음

- 이미지를 확대했을 때 색상이 선 밖으로 삐져나오거나 비어 있는 부분은 없나요?
- 지워야 하는 잔여물은 없나요?
- 캐릭터 전체 색상이 채팅 창 배경색에 묻히지 않나요?
- 캐릭터나 멘트에 저작권 침해 요소가 있지는 않나요?
- 움직이는 이모티콘의 경우 혼자 튀는 프레임은 없나요?

② 마지막으로 이모티콘 파일을 모아 둔 폴더에 들어가 마우스 오른쪽 버튼으로 클릭하고 [보기 → 내용]을 눌러 이미지의 유형과 크기, 용량을 체크하세요.

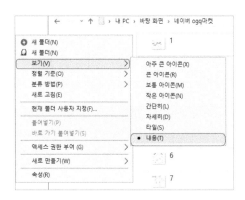

- 이모티콘 개수를 제작 가이드에 맞게 만들었나요?
- 이모티콘 크기가 제작 가이드에서 제시한 것과 같나요?
- 해상도(72dpi)와 컬러 모드(RGB)가 맞게 설정되었나요?

이 책을 보고
누군가 이모티콘 작가가 된다면 정말 기쁠 것 같아요

누구나 이모티콘을 제안할 수 있도록 시스템이 크게 바뀌면서 이모티콘 제작에 대한 관심도 많이 늘어났습니다. 게다가 대충 그린 B급 이모티콘도 폭발적인 인기를 끌었으니 그림을 못 그리는 사람, 프로그램을 다루지 못하는 사람 상관없이 모두에게 기회가 주어진 셈이죠.

이모티콘 제작의 문턱이 낮아진 만큼, 전문 작가가 아닌 보통 사람도 그대로 따라 하기만 하면 이모티콘을 만들고 제안까지 할 수 있도록 하는 것이 이 책의 목표였습니다. 손 그림에서 그림판, 사이툴, 포토샵으로 점점 옮겨 갔던 저의 경험을 떠올리며 순서대로 책을 구성했는데 어떠셨나요?
이모티콘을 제작하는 방법엔 여러 가지가 있으니 이 책을 보면서 필요한 부분을 골라서 연습하고 응용해 보면서 여러분에게 가장 잘 맞는 방법을 찾아가시길 바랍니다.

이모티콘 제작 초반에는 틈이 날 때마다 주변을 관찰하고 그 모습을 계속 그려 보라고 말하고 싶어요. 사람들이 어떤 감정일 때 어떤 표정을 짓는지, 어떤 동작을 하는지 자세히 관찰하면 이모티콘 만들 때 크게 도움을 받을 수 있거든요.
예를 들어 신나서 방방 뛰는 움직이는 이모티콘을 만들고 싶을 땐 실제 점프하는 모습이나 영상을 보는 게 가장 좋겠죠! 손과 발이 어떻게 움직이는지 관찰하고 머릿속으로 이해한 뒤 직접 그려 보면 훨씬 더 쉽고 빠르게 이모티콘을 만들 수 있을 거예요.
이런 방식으로 많은 표정과 움직임을 관찰하다 보면 나중에는 직접 보지 않고도 움직임을 상상해서 그릴 수 있게 됩니다. 이모티콘 제작 시간도 크게 줄어들고요.

맷음말을 쓰다 보니 친구들이 모인 채팅 방에 제가 만든 첫 이모티콘을 보냈을 때가 생각나네요. 지금 보면 움직임도 어색하고 만드는 시간도 정말 오래 걸렸지만 머릿속으로 상상만 하던 내 캐릭터를 채팅 방에서 볼 수 있다는 것만으로도 정말 뿌듯하고 즐거웠던 기억이 납니다. 이 책을 본 여러분도 같은 즐거움을 느낄 수 있기를 바랍니다.

감사와 응원의 마음을 담아
정지혜 드림